Klaus Harnischmacher

Abschied …

Klaus Harnischmacher

Abschied …

Neun Andachten zum Totengebet

BONIFATIUS

(Imprimatur. Paderbornae, d. 27. m. Julii 2018
Nr. 3253/1/7-208. Vicarius Generalis Alfons Hardt)

Bibliografische Information der Deutschen Nationalbibliothek
Die Deutsche Nationalbibliothek verzeichnet diese Publikation in der Deutschen Nationalbibliografie; detaillierte bibliografische Daten sind im Internet über http://dnb.ddb.de abrufbar.

Cover: Veronika Potthast
Foto: © iStockphoto.com/kyoshino

Druck und Bindung: Pustet, Regensburg / printed in Germany

ISBN 978-3-89710-802-8

www.bonifatius-verlag.de

Inhalt

Neun Andachten zum Totengebet

Anhang

Vorwort

Traditionell wird in vielen katholischen Gemeinden am Vorabend der Beerdigung in einer Andacht der Verstorbenen gedacht. Das sogenannte Totengebet als Fürbitte für die/den Verstorbene/n kann auch Anlass zur Besinnung auf das eigene Leben sein, das sich dem Zeitpunkt nähert, an dem man alles zurücklassen muss. Nichts wird dann mehr so sein, wie zuvor – auch für die Zurückbleibenden nicht. Anlässlich eines Sterbefalls werden also elementare Fragen nach dem Sinn des Lebens, dem Warum und Wohin aktuell. Die Totenandacht bietet eine Gelegenheit, im Sinn der christlichen Botschaft darauf einzugehen.
Die vorliegenden Texte dieser komplett überarbeiteten und erweiterten Auflage umfassen nunmehr neun Andachten, die je nach der Lebens- bzw. Sterbesituation unter einer bestimmten Thematik stehen sowie einen Anhang mit zusätzlichen Texten zu biblischen Lesungen, Gebeten, Fürbitten und zur Meditation. Die Andachten können durch das „Baustein-Prinzip“ individuell für den Einzelfall neu zusammengesetzt werden. Das gilt natürlich auch für die Fürbitten und Lesungen. So können sehr persönliche, situationsgerechte Andachten entstehen.
Ich habe gute Erfahrungen damit gemacht, in der Zeit, in der sich die Trauergemeinde versammelt bzw. die Kirche wieder verlässt, leise meditative Musik einzuspielen.
Ich hoffe, dass die Texte dieses Andachtsbuches dazu beitragen, einen „Blick“ über unsere irdischen Grenzen zu wagen, einer Zukunft, zu der wir alle berufen sind (vgl. Eph 1,18).

Meiner Tochter Karin Harnischmacher danke ich für die graphische Gestaltung zu den einzelnen Andachten.

Die ersten sechs Andachten sind seinerzeit unter Mitwirkung des Arbeitskreises „Totengebet“ der Gemeinde St. Maria Himmelfahrt in Olpe entstanden und inzwischen von mir überarbeitet.

Salzkotten, im Herbst 2018

Klaus Harnischmacher

Zum Geleit

Jeder von uns wurde ungefragt in seine Zeit, in bestimmte soziale Verhältnisse und Bedingungen hineingeboren. Die genetischen Anlagen, gesellschaftlichen Entwicklungen und das Umfeld mit all den sozialen Kontakten und Einflüssen formen das Leben. Zeitgeist, religiöse Bindung, Neigung, Begabung und soziale Kontakte wie auch die persönlichen Erfahrungen, Erfolge, Misserfolge und Ziele beeinflussen den Lebensweg eines Menschen. Kein Leben ist die Kopie eines anderen Lebens. So nimmt jeder Mensch in seinem Sterben sein ganzes Ich, sein Wesen, seine Vergangenheit, auch seine persönliche Last mit sich. Er hinterlässt Spuren seines Lebens. Das sind vielfach Erinnerungen in Dankbarkeit, Anerkennung und Liebe, die so gewissermaßen eine Brücke zu schlagen versuchen in die Sphäre des Lebens, die für die Zurückbleibenden noch unerreichbar ist. Vielleicht sind da aber auch Gefühle, die schmerzhaft nachklingen, Bitterkeit und Enttäuschungen, die noch nicht verarbeitet sind – Wunden, die auf Heilung warten. Aber auch eigenes Versagen in der Beziehung zu der/dem Verstorbenen kann angesichts der Endgültigkeit des Abschieds schmerzlich bewusst werden.

Nach christlicher Überzeugung wird der Mensch durch sein Sterben hineingeboren in eine neue Dimension ewigen Lebens. Losgelöst von irdischer Schwerkraft, Sorge und Not erwartet der gläubige Christ eine Heimat im Licht der Gegenwart Gottes – ein Leben in Fülle, in dem es weder Mühsal, Tod, Klage noch Trauer gibt. Das Leben in der Nähe Gottes setzt eine Vollkommenheit voraus, die wohl niemand von uns schon auf Erden erreicht. Im Tod bringen wir

die vom Leben geprägte Seele, die Summe unseres irdischen Seins mit, das Gute wie auch das Böse, unser Streben, Mühen, Tun und Unterlassen.
Der Tod macht nicht vergessen, wer und wie man hier war. Durch ihn wurde ein Schlussstrich gezogen, grundsätzlich auch die Linie zwischen „noch können" und Passivität (vgl. Joh 9,4). Da nach christlichem Verständnis Gott die reine Liebe ist, liegt die Annahme nahe, dass sich der Mensch in seiner Gegenwart so lange nicht wohlfühlen kann, wie er selber noch negative Belastungen trägt, welche die Harmonie bzw. den Einklang mit der Liebe Gottes stören oder gar verhindern. Es geht nicht nur um Vergebung, sondern auch um Erneuerung bzw. Wandlung des innersten Seins bzw. der tiefsten Gesinnung des Menschen. So erscheint die katholische Lehre von einem Ort oder Zustand der Reinigung bzw. Läuterung oder Reifung durchaus plausibel und steht nicht im Widerspruch zur Liebe, Barmherzigkeit und Gnade Gottes. Der Prozess der „Nachreife" ist letztlich Akt der Gnade und Gerechtigkeit Gottes.
Dennoch macht es Sinn, im Geist geschwisterlicher Nächstenliebe fürbittend für unsere Verstorbenen vor Gott zu treten, damit er sie in seinem Erbarmen zur baldigen Einsicht, Reife und Vollkommenheit und damit zur Fülle ewigen Glücks führen möge. So tragen wir unsere Gefühle und Gebete vor Gott, dem wir auch unser Leben anvertrauen dürfen.

Begrüßung/Einleitung

(Textbausteine zur Auswahl)

1. N.N. ist von uns gegangen. Wir sind zurückgeblieben. Die Macht des Todes hat uns voneinander getrennt und der Abschied reißt eine Wunde ins Herz.
Wir sind ein Stück des Weges gemeinsam gegangen: Freude und Leid, Erfolge und Misserfolge, Stärken und Schwächen, Liebe, Freundschaft und nicht zuletzt die Aufgaben des Alltags haben uns miteinander verbunden. Dafür sind wir dankbar – und alles bleibt in unserer Erinnerung.
Wir sind nun hier vor Gottes Angesicht versammelt, um für _______ zu beten, dass ER ihr/sein Leben annehme und ihm die Erfüllung schenken möge. Er möge vollenden, was in der irdischen Lebenszeit durch Unvermögen, Schwäche, Verfehlung und Schuld nicht gelungen ist.
Wir denken aber auch an uns selber, die wir – jeder von uns – unaufhaltsam auf dem Weg sind und einst die Grenze des Todes überschreiten werden.

2. In dieser Stunde führt uns der Tod unserer/s Mitschwester/Mitbruders _______ zusammen.

a) Sie/Er durfte nach einem erfüllten Leben im Alter von ____ Jahren das Leben endgültig in die Hand des Schöpfers legen.
b) Sie/Er hat

- im Alter von nur ___ Jahren
- nach vergeblichem / langem Kampf gegen die Krankheit

- nach kurzer, schwerer Erkrankung / plötzlich und unerwartet
- nach einem tragischen Geschehen/Unglücksfall

das Leben in die Hand des Schöpfers zurückgegeben.

c) Nach einem unaufhaltsamen langsamen Verfall ihrer/seiner Kräfte und Möglichkeiten durfte sie/er das Leben in die Hand des Schöpfers zurückgeben. Das, was ihr/sein Leben zuletzt einschränkte, was als Belastung und Not empfunden wurde, liegt nun zurück, ist Vergangenheit und wird nie mehr zurückkommen. Befreit von den Fesseln des Leibes wird Gott ihr/sein Leben nun zur Vollendung führen und sie/ihn dann teilhaben lassen an seinem Leben in Fülle und Herrlichkeit, über dessen Ausgestaltung der menschliche Geist keine Vorstellung besitzt.

d) Durch die Erfahrung von Krankheit, Unfall, Tod oder sonstigem Unglück drängt sich vielfach die Frage nach dem „Warum" auf. Für manches gibt es plausible Erklärungen, vieles bleibt jedoch im Dunkeln. Alles einem unabwendbaren Schicksal zuzuschreiben, ist sicher ebenso falsch wie für alles einen vermeintlichen Willen Gottes zu unterstellen. So bleibt die Frage nach dem „Warum" sehr oft ein Geheimnis. Leid kann jedoch, wenn wir recht damit umgehen, auch einen Sinn erfüllen. So kann ein „sich-zurücknehmen-müssen", ein geduldiges Ertragen, ein Hinterfragen von Sinn und Zukunft des Lebens, aber auch die fürsorgliche Hilfe, der Beistand in schweren Zeiten zu größerer Reife führen, zu einem Wachstum im Sein. Gott selbst hat seinen Sohn nicht vor den Schwierigkeiten des Lebens, ja nicht einmal vor dem schrecklichen Kreuzestod bewahrt. So wie er ihn jedoch aus dem Tod errettet hat, wird er auch uns nicht allein lassen, wenn wir uns ihm anvertrauen.

e) Wenn der Tod einen lieben Menschen hinwegnimmt, hinterlässt er die Spur seines Lebens, zugleich aber auch eine Lücke, die niemand schließen kann und die denen, die ihm liebevoll verbunden sind, schmerzhaft bewusst wird. Mit der Geburt ist uns auch der Tod sicher. Wir aber wollen leben; der Gedanke an den Tod wird vielfach verdrängt, weil er Ängste und Unsicherheit auslöst. Viele Menschen suchen daher die Fülle des Lebens nur auf dieser Erde, ohne sie je zu finden. All die Sehnsüchte nach Glück und Freude, Geborgenheit und Wohlergehen, Liebe und Sicherheit sind in Wirklichkeit ein Streben nach der Fülle des Lebens und nach einer Vollendung, die wir letztlich nur in Gott finden werden, dem Ursprung und Spender allen Lebens. Er hat uns nicht für den Tod geschaffen, sondern zum Leben berufen. Der Tod ist nur das Zurücklassen des Leibes, damit unser Mensch-Sein sich in einer anderen Lebenswirklichkeit einfinden kann und dort durch Gott zur Vollendung gelangt. Jesus hat uns durch sein Leben, Leiden und Sterben den Weg zu einem ewigen Leben in Fülle eröffnet. Er sagt von sich: „Ich bin der Weg, die Wahrheit und das Leben. Wer an mich glaubt, wird ewig leben." Für alle, die ihm glaubend folgen, hat der Tod seinen Schrecken verloren und so dürfen wir in einer besseren Welt auf ein Wiedersehen hoffen.

f) Wir sind uns vor Gottes Angesicht unserer Unzulänglichkeit und Unvollkommenheit bewusst, die wir alle mit in den Tod hineinnehmen. Niemand geht ohne Belastung und

Schuld hinüber. Da nach christlichem Verständnis Gott die pure, reine Liebe ist, liegt die Annahme nahe, dass nur das Vollkommene in seiner Gegenwart Platz haben kann. Deshalb stehen wir hier als Gemeinschaft Glaubender und Trauernder fürbittend für unsere/n Schwester/Bruder _______ vor Gott, damit er durch seine Gnade ergänzen möge, was noch fehlt, die Verletzungen des Lebens heile und sie/ihn zur vollen Reife des Lebens führe, zur Freude der Gemeinschaft mit ihm. Von ihm allein erwarten wir das unzerstörbare Heil.

g) Wir denken in dieser Stunde, da wir den Tod unserer Schwester/unseres Bruders vor Augen haben, auch an unser eigenes Leben, das seine leibliche Hülle irgendwann, plötzlich oder absehbar, jung oder alt, ebenfalls verlassen muss.

Die Tür ins Licht

Einführungstext

Für uns ist und bleibt der Tod ein Negatives – das Aufhören des Lebens.

Allein er muss auch eine positive Seite haben, die jedoch uns verdeckt bleibt, weil unser Verstand durchaus unfähig ist, sie zu erfassen. Daher erkennen wir wohl, was wir durch den Tod verlieren, aber nicht, was wir durch ihn gewinnen. Wir schaudern vor dem Tod vielleicht hauptsächlich, weil er dasteht als die Finsternis, aus der wir einst herausgetreten sind und in die wir nun zurück sollen. Aber ich glaube, dass wenn der Tod uns die Augen schließt, wir in einem Licht stehen, von welchem unsere Sonne nur der Schatten ist.

Arthur Schopenhauer

Begrüßung / Einleitung

Lied

GL 423 (1) (3): „Wer unterm Schutz“

Meditation

Eine Tür ...
kann Eintritt oder Auslass ermöglichen,
einladend oder ablehnend wirken,
kann prachtvoll und groß sein, klein oder unscheinbar,
verbindend oder verhindernd,
schützend-bewahrend oder eröffnend;
kann die Neugier wecken
oder auch Bollwerk und Grenze sein.

Durch eine Tür gehe ich hinaus und gelange woanders hinein;
sie gibt mir Zutritt – oder verschafft mir den Ausgang.
Nicht jeder kann oder darf durch jede Tür hinein oder wieder hinaus –
und nur für wenige Türen besitze ich einen Schlüssel.
Manche Türen stehen mir offen,
andere werden vor mir zugeschlagen;
und es kommt auch vor, dass ich zu spät komme – und die Tür ist bereits verschlossen.

Es gibt Türen, durch die man hereingebeten wird – und Türen, die aufgebrochen werden.
Es gibt Türen, durch die man nur ungern geht; vielleicht sogar hineingezwungen wird.
Es gibt Türen, durch die man besser nicht eintreten sollte.

Es gibt Türen, hinter denen ich Schutz finde, die mir einen Freiraum eröffnen.
Es gibt Türen, die mir Zugang zu etwas Neuem, Ungeahntem auftun.
Es gibt Türen, die nur schwer zu öffnen sind –
oder die gar mit einem Siegel gesperrt sind.
Es gibt aber auch Türen, die sich öffnen lassen
durch ein gutes Wort, durch Verständnis und Vergeben.
Wer seine Tür öffnet,
kann heraustreten aus Isolation und Einsamkeit,
kann Altes hinter sich lassen und Neuem begegnen.

Wie oft ich durch Türen gegangen bin,
habe ich nicht gezählt.
Durch welche Türen ich noch gehen werde,
weiß ich nicht.
Werde ich immer hindurch gehen wollen?
Einmal werde ich durch eine Tür gehen müssen,
durch die es kein Zurück gibt.
Wohin ...?
Finde ich ein neues Ankommen –
werde ich erwartet?
Ich glaube!

Kurze Stille

Gebet (gemeinsam)

Herr, unser Gott, wir sind als deine Geschöpfe durch dich ins Leben getreten, in Zeit und Raum. Gemeinsam mit vielen anderen Menschen sind wir auf dem Weg in die Zukunft. Im Tod müssen wir unseren Leib an die Erde zurückgeben. Wir treten dann ein in eine neue Dimension des Lebens. Sei du dann die Tür und lass uns ankommen in deinem Licht. Amen.

Lied

GL 505 (1) (3) „Wir sind nur Gast auf Erden“

Lesung aus der Hl. Schrift

Hören wir nun einen Abschnitt

➲ aus der frohen Botschaft nach Johannes

(Joh 10,1-10)

Jesus sagte: Amen, amen, ich sage euch: Wer in den Schafstall nicht durch die Tür hineingeht, sondern anderswo einsteigt, der ist ein Dieb und ein Räuber. Wer aber durch die Tür hineingeht, ist der Hirt der Schafe. Ihm öffnet der Türhüter und die Schafe hören auf seine Stimme; er ruft die Schafe, die ihm gehören, einzeln beim Namen und führt sie hinaus. Wenn er alle seine Schafe hinausgetrieben hat, geht er ihnen voraus und die Schafe folgen ihm; denn sie kennen seine Stimme. Einem Fremden aber werden sie nicht folgen, sondern sie werden vor ihm fliehen, weil sie die Stimme des Fremden nicht kennen. Dieses Gleichnis erzählte ihnen Jesus; aber sie verstanden nicht den Sinn dessen, was er ihnen gesagt hatte.

Weiter sagte Jesus zu ihnen: Amen, amen, ich sage euch: Ich bin die Tür zu den Schafen. Alle, die vor mir kamen, sind Diebe und Räuber; aber die Schafe haben nicht auf sie gehört.

Ich bin die Tür; wer durch mich hineingeht, wird gerettet werden; er wird ein- und ausgehen und Weide finden. Der Dieb kommt nur, um zu stehlen, zu schlachten und zu vernichten; ich bin gekommen, damit sie das Leben haben und es in Fülle haben.

Alternative

➲ aus dem Evangelium nach Matthäus

(Mt 7,13-14)

Jesus sagt: Geht durch das enge Tor! Denn weit ist *das* Tor und breit *der* Weg, der ins Verderben führt, und es sind viele, die auf ihm gehen. Wie eng ist das Tor und wie schmal der Weg, der zum Leben führt, und es sind wenige, die ihn finden.

Kurze Stille

In einer kurzen Zeit der Stille können wir darüber nachdenken.

Lied

GL 380 (7) (8) „Durch dich steht das Himmelstor"

Psalm 23 (im Wechsel)

(aus GL 37)

Der Herr ist mein Hirte,
nichts wird mir fehlen.

> Er lässt mich lagern auf grünen Auen
> und führt mich zum Ruheplatz am Wasser.

Er stillt mein Verlangen;
er leitet mich auf rechten Pfaden, treu seinem Namen.

> Muss ich auch wandern in finsterer Schlucht,
> ich fürchte kein Unheil;

denn du bist bei mir,
dein Stock und dein Stab geben mir Zuversicht.

Du deckst mir den Tisch
vor den Augen meiner Feinde.
Du salbst mein Haupt mit Öl,
du füllst mir reichlich den Becher.
Lauter Güte und Huld werden mir folgen mein Leben lang,
und im Haus des Herrn darf ich wohnen für lange Zeit.
Ehre sei dem Vater und dem Sohne
und dem Heiligen Geiste,
wie im Anfang, so auch jetzt und allezeit
und in Ewigkeit. Amen.

Lied

GL 429 (1) (5) „Gott wohnt in einem Lichte“

Fürbitten

Tragen wir nun unsere Fürbitten vor Gott, den Herrn des Lebens.

• Gott, du hast uns das Leben geschenkt, damit es einst in dir Heimat und Erfüllung finde.
So dürfen wir dich voll Vertrauen bitten: für unsere Schwester/unseren Bruder _______

- Vollende, was du in der Taufe begonnen hast und öffne ihr/ihm die Tür ins Licht deiner ewigen Herrlichkeit.
- Lohne ihr/ihm alle Mühe, Sorge und Hilfe für Andere und gewähre Erbarmen, wo die Tür des Herzens vielleicht vor den Nöten und Anliegen der Menschen verschlossen blieb.
- Heile in deiner Liebe die Verletzungen des Lebens.

- Vergib in deinem Erbarmen Schwäche und Schuld und führe sie/ihn zur Vollendung und Fülle des Lebens, die den Kindern Gottes verheißen ist.

• Wir bitten dich für alle, denen dieser Tod besonders nahe geht: Lass sie im Glauben an das ewige Leben und an ein Wiedersehen Trost und Kraft finden

- dass Hoffnung und Zuversicht stets stärker sind als Trauer und Trennungsschmerz
- dass ihnen verständnisvolle und hilfsbereite Menschen helfend zur Seite stehen

• Wir denken auch an die anderen Verstorbenen, mit denen wir uns über den Tod hinaus verbunden wissen, an unsere Angehörigen, Freunde, Bekannten: Lass sie in deiner Liebe ewigen Frieden und ungetrübte Freude genießen dürfen.

• Wir bitten für alle Verstorbenen, deren niemand auf Erden gedenkt: Lass sie bei dir Geborgenheit und ewige Heimat finden.

• Für uns alle

- dass wir dich in unser Leben einlassen
- dass wir uns der Endlichkeit auch der eigenen Zeit bewusst werden.

• Jeder kann nun in einer kurzen Zeit der Stille der/des Verstorbenen gedenken.

Gott, von dir kommt alles Leben. Gib uns das Bewusstsein, dass unsere irdische Zeit bereits Teil der Ewigkeit ist. Hilf uns bereit zu sein, wenn du uns heimrufst. Wenn unsere

Augen dann aufgehen, lass uns eingeladen sein, für immer in deinem Licht zu leben. Amen.

Vaterunser / Gegrüßet seist du, Maria

Lasst uns jetzt gemeinsam beten, wie Jesus es gelehrt hat: Vater unser ..
Wir empfehlen unsere/n verstorbene/n Schwester/Bruder ____ auch der Fürsprache der Gottesmutter Maria: Gegrüßet seist du, Maria ...

Lied

GL 143 (3): „Herr, ob den Himmeln“

Gebet

Gott, wir sind geschaffen als Kinder deiner Liebe. Weil du uns ernst nimmst, haben wir die Freiheit, unser Leben – soweit es in unseren menschlichen Möglichkeiten liegt, selber zu bestimmen. Wir dürfen – und müssen – entscheiden, was und wie wir etwas tun – oder unterlassen, ob wir Gutes tun oder Böses, ob wir uns dir zuwenden oder dich ablehnen. Obwohl der Mensch freien Willens durch die Ursünde die Gemeinschaft mit dir aufgegeben hat, hast du die Tür nicht zugeschlagen. Du hast sie vielmehr durch Jesus Christus für uns weit geöffnet. Er selber ist die Tür, die zur Fülle des Lebens führt.
Der Weg, der durch diese Tür führt, ist keine Prachtstraße und die Tür erscheint klein und eng. In deinem Sohn steht sie uns offen und nur durch sie gelangen wir zum Licht, in die volle Gemeinschaft mit dir, wo es weder Krankheit, Not, Schmerz und Mangel gibt. Führe uns den rechten Weg, damit wir durch diese Tür gehen dürfen. Amen.

Abschluss/Segensgebet

Zum Abschluss des Totengebetes erbitten wir den Segen Gottes für unsere/n verstorbene/n Schwester/Bruder ____ sowie für uns selbst:

Herr schenke unserer/m Schwester/Bruder ___ und allen unseren Verstorbenen die Vollendung bei dir. Sei ihnen das unauslöschliche Licht, der unvergängliche Friede und die Freude ohne Ende.

Der Herr begleite unser aller Lebensweg. Er sei mit uns an diesem Abend, an jedem Tag und auch am Ende des irdischen Weges und führe uns durch die Tür des Lebens in sein Licht. So segne und behüte uns der allmächtige Gott, den wir Vater nennen dürfen, sein Sohn, der uns in Jesus Christus zum Bruder und Freund wurde und sein Heiliger Geist, der das Gute in uns bewirken will. Amen.

Lied

GL 479 (1) (2) (3): „Eine große Stadt entsteht“

In deiner Hand geborgen

Einführungstext

Guter Vater,
manchmal verlässt mich jeder Mut.
Manchmal sehe ich alles rabenschwarz.
Manchmal steht mir das Wasser bis zum Hals.
Manchmal stürzt die Welt über mich herein.
Manchmal bin ich mit meinen Kräften am Ende.
Manchmal ist alles aus.
Dann, Herr, bitte ich dich: Lass mich nicht allein!
Lass mich von deiner Hand getragen sein!
Lass mich wissen, dass du mich liebst!
Amen.

Reinhard Abeln

Begrüßung/Einleitung

Lied

GL 423 (1) (2): „Wer unterm Schutz“

Meditation

Wir brauchen –
als Kind die starke und liebevolle Hand der Eltern,
die schützt und birgt.

Wir suchen –
eine Hand, die sich uns freundschaftlich
oder liebevoll entgegenstreckt.

Wir erwarten –
Hände, die zum Gruß erhoben werden,
die Schlimmes abwehren,
die zu arbeiten wissen und Neues schaffen,
die zupacken, wo Hilfe nötig ist,
die geben, wo Mangel leidend macht,
die segnen, statt eine Faust zu ballen,
die heilen, pflegen und erhalten, nicht zerstören,
die aufzeigen, wo Unrecht geschieht,
die schützen und nicht schlagen,
die uns halten und nicht fallen lassen.

Wir hoffen –
auf Hände, die sich betend erheben,
auf die Hand Gottes, die uns hält,
wo immer wir sind.

Kurze Stille

Gebet (gemeinsam)

Gott, du Unbegreiflicher,
in deiner Hand liegt alles:
Allmacht und Vollkommenheit,
die Spanne der Ewigkeit,
Leben und Tod,
die Schöpfung des für uns Sichtbaren
und Unsichtbaren,
das Vergängliche und Unvergängliche.
Alles Geschehen liegt dir vor Augen;
nichts ist dir verborgen.

So halte deine Hand über uns,
dass sie uns segne,
dass sie uns schütze,
dass sie uns den rechten Weg weise,
dass sie uns einst die Tür öffne
ins Licht deiner Herrlichkeit.
Vater, in deine Hände
empfehlen wir unsere Verstorbenen.
Amen.

Mögliche Lieder

GL 422 (1) (2) (3): „Ich steh vor dir mit leeren Händen, Herr"
GL 435 (1) (2): „Herr, ich bin dein Eigentum"

Lesung aus der Hl. Schrift

Wir hören nun einen Abschnitt
➲ aus dem Brief des Apostels Paulus an die Galater
(Gal 3,26-29; 4,6-7)

(Denn) alle seid ihr durch den Glauben Töchter und Söhne Gottes in Christus Jesus. Denn ihr alle, die ihr auf Christus getauft seid, habt Christus angezogen. Es gibt nicht mehr Juden und Griechen, nicht Sklaven und Freie, nicht männlich und weiblich; denn ihr alle seid *einer* in Christus Jesus. Wenn ihr aber Christus gehört, dann seid ihr Abrahams Nachkommen, Erben gemäß der Verheißung. Weil ihr aber Töchter und Söhne seid, sandte Gott den Geist seines Sohnes in unsere Herzen, den Geist, der ruft: Abba, Vater. Daher bist du nicht mehr Sklave, sondern Tochter und Sohn; bist du aber Tochter und Sohn, dann auch Erbe, Erbe durch Gott.

Alternative

➲ aus dem Buch Jesaja

(Jes 43,1-3a. 7)

Jetzt aber – so spricht der HERR, der dich erschaffen hat, Jakob, und der dich geformt hat, Israel: Fürchte dich nicht, denn ich habe dich ausgelöst, ich habe dich beim Namen gerufen, du gehörst mir! Wenn du durchs Wasser schreitest, bin ich bei dir, wenn durch Ströme, dann reißen sie dich nicht fort. Wenn du durchs Feuer gehst, wirst du nicht versengt, keine Flamme wird dich verbrennen. Denn ich, der HERR, bin dein Gott, ich, der Heilige Israels, bin dein Retter.

Denn jeden, der nach meinem Namen benannt ist, habe ich zu meiner Ehre erschaffen, geformt und gemacht.

Kurze Stille

In einer kurzen Zeit der Stille können wir das Gehörte bedenken.

Mögliche Lieder

GL 505 (1) (3): „Wir sind nur Gast auf Erden“

GL 812 *Paderborner Eigenteil* (1) (3): „So nimm denn meine Hände“

Gebet (im Wechsel)

Alternative: GL 18 (3) gemeinsam

(V) Gott, unser Vater, das im Tod aufbrechende Leben ist ein Geheimnis. Erst in der Vollendung dürfen wir schauen, wie du bist. Von diesem Leben können wir jetzt nur in Bildern reden. Kein Auge hat es gesehen und kein Ohr gehört, in keines Menschen Sinn ist es gekommen, wie Großes du, Gott, denen bereitet hast, die dich lieben.

(A) Christus hat uns eine ewige Heimat bei dir bereitet. Er sagt: Im Hause meines Vaters sind viele Wohnungen. Ich gehe hin, euch einen Platz zu bereiten. Er spricht das erlösende Wort: Kommt her, die ihr von meinem Vater gesegnet seid, nehmt das Reich in Besitz, das am Anfang der Welt für euch geschaffen worden ist.

(V) Wir danken dir, Vater. Du hast uns der Macht der Finsternis entrissen und in das Reich deines geliebten Sohnes aufgenommen.

(A) Christus führt uns zur Ruhe in Gott. Es ist die Stunde, da wir Sünder heimkehren zum barmherzigen Vater. Er sprach von Anfang an: Ich will dich nie verlassen, dich nie vergessen. Was ist der Mensch, dass du an ihn denkst, des Menschen Kind, dass du dich seiner annimmst? Du hast ihn mit Herrlichkeit und Ehre gekrönt.

(V) Die Unreinen dürfen nicht vor dir stehen. Darum reinigst du die, die sich dir zuwenden und ergänzt, was ihnen fehlt. Sollen wir also betrübt sein? Sollen wir uns nicht trösten dürfen, dass die Verstorbenen eingehen dürfen in deine Liebe? Sie haben ihr Ziel erreicht, das einzige Ziel, das der Mensch wirklich hat. Darum sollen wir nicht trauern und klagen, als wären sie verloren. Der Tod, in den wir uns ergeben in Christi Namen, wird uns hinüberführen und vereinen für immer. – Trennung, Trauer und Klage werden in Zukunft nicht mehr sein. Du, Gott, wirst jede Träne abwischen.
(A) Der auf dem Thron saß, sprach: Neu mache ich alles. Alles ist Licht in dir, Gott. In dir werden wir uns wiedersehen und einander wiederfinden.

Fürbitten

Ewiger Gott, wir bitten dich für _______, die/der ihr/sein Leben in deine Hand zurückgegeben hat:

- Vollende ihr/sein Leben und schenke ihr/ihm Heimat und Geborgenheit für immer.

- Dankbar für alle Momente, in denen wir die liebevoll ausgestreckte, schützende und helfende Hand der/des Verstorbenen erfahren durften, bitten wir um Erbarmen für unsere/n Schwester/Bruder ______, wo sie/er – vielleicht nur unbedacht – eine helfende und liebende Hand verweigert hat.
- Lohne ihr/ihm alle Sorge und Liebe ihres/seines irdischen Lebensweges.

- Stärke und tröste alle, die um ______ trauern in der festen Zuversicht auf ein Wiedersehen, reiche uns die Hand, wenn wir zu fallen drohen; schütze uns in Gefahr und umarme uns in Angst und Traurigkeit.

- Halte deine schützende Hand über alle, die durch den Verlust eines lieben Menschen mut- und kraftlos geworden sind und ihr Leben allein nicht mehr bewältigen können oder keinen Lebenssinn mehr für sich finden.

- Schenke allen Verstorbenen, denen wir besonders verbunden sind, sowie allen, an die niemand auf Erden mehr denkt, deine Nähe und deinen Frieden.

- Gedenken wir nun in einer kurzen Zeit der Stille der/des Verstorbenen.

Gott, unser guter Vater im Himmel, in deinen Augen sind wir wichtig und wertvoll. Du hältst unser Leben und Sterben in deinen Händen. Du willst uns ewige Zukunft und Heimat sein. Hilf, dass unser Leben gelingt und wir einmal vereint sein dürfen in ewiger Freude.

Vaterunser / Gegrüßet seist du, Maria

Lasst uns nun gemeinsam beten, wie Jesus es uns gelehrt hat: Vater unser im Himmel...
Wir empfehlen die/den Verstorbene/n auch der Fürsprache der Gottesmutter: Gegrüßet seist du Maria...

Mögliche Lieder

GL 428 (1) (2): „Herr, dir ist nichts verborgen“
GL 456 (1) (3): „Herr, du bist mein Leben“
GL 786 *Paderborner Eigenteil* (1) (2) (3): „Zieh an die Macht“

Gebet (gemeinsam)

Gott, du bist mein Leben,
meine Hoffnung, meine Zukunft;
du bist der, dem ich ganz vertraue.
Du bist der Herr des Lebens,
der Schöpfer unendlicher Vielfalt und Schönheit.
Weil du die Liebe bist,
brauche ich keine Angst zu haben.
Ich darf mich in deiner Hand geborgen wissen.
Du trägst mich durch die Zeit und
nimmst mich auf, wenn sie für mich abgelaufen ist.
Durch dich und in dir habe ich Leben und Zukunft.
Du allein bist wirklich wichtig für mich,
denn du bist der Herr des Lebens;
bei dir allein liegen die Fülle der Macht
und die Vollkommenheit der Liebe.
Ich darf an dich glauben, Gott,
und ewig in dir leben.
Danke!

Abschluss/Segensgebet

Guter Gott, unser Vater im Himmel. Wir erbitten deinen Segen für unsere/n Verstorbene/n _______, für alle, die um sie/ihn trauern, für die ganze hier versammelte Gemeinde und alle, die mit uns unterwegs sind zu dir. Führe uns an deiner Hand und erhalte uns in deiner Liebe. Amen.

Lied

GL 403 (5) (6): „Solange dieses Leben währt "

Der Weg, der zum Leben führt

Einführungstext

Gott,
du lässt mich in deine Hände fallen,
denn du bist meine Zuflucht
in der Nacht der Seele.
Alle Kraft ist dein:
  die Kraft aufzurichten und zu heilen,
  und zu erneuern,
  lebendig zu machen und Hoffnung zu wecken.
Du lässt es Tag werden in mir,
und im Morgengrauen werde ich erkennen:
Du warst Gefährte meiner Nacht.

Nach: Sabine Naegeli, Wenn die Schatten wachsen, in: dies., Du hast mein Dunkel geteilt © 2014 Verlag Herder GmbH, Freiburg i.Br., S. 28 f.

Begrüßung/Einleitung

Lied

GL 505 (1) (3) (4): „Wir sind nur Gast auf Erden“

Meditation

Ein Mensch geht seinen Weg; er findet heraus aus der Geborgenheit des Mutterschoßes und bald schon steht er auf eigenen Beinen, erlebt die Umwelt und seine Mitmenschen, hat Bedürfnisse und Wünsche: Er geht seinen ganz eigenen Weg.

Er ist nicht allein auf seinem Weg, es sind Menschen da, die ihn ein Stück des Weges begleiten, die aber dennoch ihren eigenen Weg gehen. Keiner zählt die Schritte, die er – sinnvoll oder nutzlos, langsam oder schnell, in Freude oder Leid, in guter oder böser Absicht – täglich hinter sich bringt. Und mit jedem Tag macht er einen „Fort-schritt“, bewusst oder unbewusst.

Der Fluss der Wandernden ist in steter Bewegung. Immer wieder beginnen Menschen ihren Lebensweg, während andere am Horizont verschwinden. Die da wandern auf ihrem Weg, sie unterscheiden sich alle, und keiner weiß genau, wie das Ziel aussehen wird. Niemand kommt ihnen entgegen ... Die da wandern, kommen von überall her, ihre Startbedingungen und ihr „Reisegepäck“ sind ungleich, ebenso ihre Spuren, die sie hinterlassen. Der Weg ist nicht immer abschätzbar, er birgt Gefahren und Risiken: Dunkelheit kann die Sicht versperren, Stürme können die Reise erschweren, Enttäuschung, Unlust und Mutlosigkeit lähmen.

Hitze, Hunger und Durst können das Leben bedrohen. Eine Vielfalt von Einflüssen gefährdet die Orientierung. Und mit jedem Morgen, an dem der Wanderer erwacht, ist er einen Schritt vorangekommen. Jedoch nur einen Schritt zurückzugehen, ist ihm unmöglich ...

Wohin führt der Weg? In jungen Jahren, wo der Weg noch unendlich weit und der Horizont unendlich breit erscheinen, denkt kaum einer daran. Es gilt, sich im Leben zurecht zu finden, sich zu orientieren und aufzubauen. Diese Perspektive erlaubt es nicht, nach dem Horizont auszuspähen. Er bleibt noch blass und verschwommen. Doch, dass es ihn gibt, das weiß der Wanderer; es wird ihm bewusst, wenn er von Weggefährten Abschied nehmen muss.

Vielleicht ist es eine Krankheit, die den Wanderer irgendwann doch aufblicken lässt von seinem Weg und dem, was links und rechts des Weges ihn beschäftigt hat. Vielleicht ist es auch eine besonders schmerzliche Abschiedserfahrung. Er sieht nunmehr den Horizont näher und klarer; er erscheint auch nicht mehr so breit. Und er stellt sich heimlich die Frage, wie es weitergehen wird. Es ist ein beklemmendes Gefühl. Der Sinn des Lebens, das Woher, das Wozu und das Wohin spielt plötzlich eine Rolle. Der Wanderer blickt immer öfter zurück, nachdenklich und fragend.

Der Wanderer wird älter, das Leben mühsamer. Die Alltäglichkeiten des Daseins nehmen immer mehr Zeit in Anspruch. Immer ein Stück mehr nimmt er Abschied: von lieben Gewohnheiten, von Fähigkeiten – und immer öfter auch von Menschen, die ihn eine Zeit begleitet haben. Und er sieht den Horizont nahe, er hat sich drastisch verengt; auch alles an seinem Weg scheint sich auf ihn zu verengen. Er weiß, dass er nun bald diesen Horizont überschreiten muss; er hat keine Wahl. Es wird seine ureigene persönliche Erfahrung werden. Dennoch, er wünscht sich jemanden, der ihm über die Schwelle hilft, der da ist, der ihm die Hand reicht. Aber wann wird es sein?

Und was ist dahinter, was erwartet ihn? Ist er dort am Ziel – oder wird er es nur deutlich sehen und noch weiter darauf zu gehen müssen? Wer wird auf ihn warten und wie wird man ihn empfangen?
Wo wird er sein und was wird er erleben? Wie wird es weitergehen?

Wir sehen, wie ein Mensch uns verlässt. Hinter der Biegung des Weges entzieht er sich unserem Blick, ist scheinbar nicht mehr da, im Nichts verloren. Doch im Glauben sind wir uns dessen sicher: Der Weg macht nur eine Krümmung; wie er weiterführt, bleibt aus unserer Sicht verborgen. Als Glaubende sind wir gewiss, dass der Weg unseres Lebens ein Ziel hat. Ein Weg ohne Ziel – er wäre sinnlos; warum sollte man ihn gehen? Was würde die Mühen wert sein? Nicht der Weg ist das Ziel, sondern Gott ist das Ziel unseres Lebensweges. In ihm werden wir ewige Heimat finden. Darum lohnt es, ihn zu gehen und dieses großartige Ziel nicht aus den Augen zu verlieren.
Gehen wir – den rechten Weg!

Kurze Stille

Gebet (gemeinsam)

Gott, deine Pläne sind nicht die unseren und deine Wege sind unserer Erkenntnis verschlossen. Du weißt den Weg für uns und begleitest unsere Wanderschaft. Wir denken heute an unsere/n liebe/n Verstorbene/n _______, mit der/dem wir eine gemeinsame Zeit auf dem Weg waren. Lass uns vergeben, was vielleicht noch zwischen uns steht, und in Erinnerung bewahren, was wir durch sie/ihn an Liebenswertem und Gutem erfahren durften. Wir danken dir für alle Menschen, die uns freundlich auf dem Weg durch die Zeit begleiten. Amen.

Mögliche Lieder

GL 460 (1) (2) (5): „Wer leben will"
GL 435 (1) (3): „Herr, ich bin dein Eigentum"

Lesung

Hören wir nun einen Abschnitt
➲ aus der frohen Botschaft nach Johannes
(Joh 14,1-6)

Jesus sagt: Euer Herz lasse sich nicht verwirren. Glaubt an Gott und glaubt an mich! Im Haus meines Vaters gibt es viele Wohnungen. Wenn es nicht so wäre, hätte ich euch dann gesagt: Ich gehe, um einen Platz für euch vorzubereiten? Wenn ich gegangen bin und einen Platz für euch vorbereitet habe, komme ich wieder und werde euch zu mir holen, damit auch ihr dort seid, wo ich bin. Und wohin ich gehe – den Weg dorthin kennt ihr. Thomas sagte zu ihm: Herr, wir wissen nicht, wohin du gehst. Wie können wir dann den Weg kennen? Jesus sagte zu ihm: Ich bin der Weg und die Wahrheit und das Leben; niemand kommt zum Vater außer durch mich.

Alternative

➲ aus dem 2. Brief des Apostels Paulus an die Korinther

(2 Kor 5,1. 6-10)

Wir wissen: Wenn unser irdisches Zelt abgebrochen wird, dann haben wir eine Wohnung von Gott, ein nicht von Menschenhand errichtetes ewiges Haus im Himmel. Wir sind also immer zuversichtlich, auch wenn wir wissen, dass wir fern vom Herrn in der Fremde leben, solange wir in diesem Leib zu Hause sind; denn als Glaubende gehen wir unseren Weg, nicht als Schauende. Weil wir aber zuversichtlich sind, ziehen wir es vor, aus dem Leib auszuwandern und daheim beim Herrn zu sein. Deswegen suchen wir unsere Ehre darin ihm zu gefallen, ob wir daheim oder in der Fremde sind. Denn wir alle müssen vor dem Richterstuhl Christi offenbar werden, damit jeder seinen Lohn empfängt für das Gute oder Böse, das er im irdischen Leben getan hat.

oder

aus Joh 12,23-26.32-36a – vgl. Andacht „Zeit“

Kurze Stille

In einer kurzen Zeit der Stille können wir nun das Gehörte bedenken.

Mögliche Lieder

GL 461(1) (2): „Mir nach, spricht Christus“

GL 478 (1) (5): „Ein Haus voll Glorie schauet“

Psalm 139 (im Wechsel)

(aus GL 657,2)

Herr, du hast mich erforscht und du kennst mich.
Ob ich sitze oder stehe, du weißt von mir.
Von fern erkennst du meine Gedanken.

Ob ich gehe oder ruhe, es ist dir bekannt;
du bist vertraut mit all meinen Wegen.

Noch liegt mir das Wort nicht auf der Zunge –
du, Herr, kennst es bereits.

Du umschließt mich von allen Seiten
und legst deine Hand auf mich.

Zu wunderbar ist für mich dieses Wissen,
zu hoch, ich kann es nicht begreifen.

Wohin könnte ich fliehen vor deinem Geist,
wohin mich vor deinem Angesicht flüchten?

Steige ich hinauf in den Himmel, so bist du dort;
bette ich mich in der Unterwelt, bist du zugegen.

Nehme ich die Flügel des Morgenrots
und lasse mich nieder am äußersten Meer,

auch dort wird deine Hand mich ergreifen
und deine Rechte mich fassen.

Würde ich sagen: „Finsternis soll mich bedecken, /
statt Licht soll Nacht mich umgeben“,
auch die Finsternis wäre für dich nicht finster,

die Nacht würde leuchten wie der Tag,
die Finsternis wäre wie Licht.

Denn du hast mein Inneres geschaffen,
mich gewoben im Schoß meiner Mutter.

Ich danke dir, dass du mich so wunderbar gestaltet hast.
Ich weiß: Staunenswert sind deine Werke.

Als ich geformt wurde im Dunkeln,

kunstvoll gewirkt in den Tiefen der Erde,
waren meine Glieder dir nicht verborgen.
Deine Augen sahen, wie ich entstand,
in deinem Buch war schon alles verzeichnet;
meine Tage waren schon gebildet,
als noch keiner von ihnen da war.
Wie schwierig sind für mich, o Gott, deine Gedanken,
wie gewaltig ist ihre Zahl!
Wollte ich sie zählen, es wären mehr als der Sand.
Käme ich bis zum Ende, wäre ich noch immer bei dir.
Erforsche mich, Gott, und erkenne mein Herz,
prüfe mich und erkenne mein Denken!
Sieh her, ob ich auf dem Weg bin, der dich kränkt,
und leite mich auf dem altbewährten Weg!
Ehre sei dem Vater und dem Sohne
und dem Heiligen Geiste.
Wie im Anfang, so auch jetzt und allezeit
und in Ewigkeit. Amen.

Mögliche Lieder

GL 423 (1) (3): „Wer unterm Schutz des Höchsten steht"
GL 428 (1) (2) (5): „Herr, dir ist nichts verborgen"

Fürbitten

Bitten wir nun Gott als Herrn und Ziel unseres Lebens, der uns in seinem Sohn den Weg zum ewigen Heil weist:

Herr, für all die Wege, auf denen uns die/der Verstorbene ein/e gute/r und treue/r Weggefährte/in war, sind wir dankbar.

- Vollende in deiner Güte, was noch unvollkommen geblieben ist und nimm in deinem Erbarmen alles Trennende und Unheile hinweg.

- Vergilt all das Gute, das _______ im Leben getan hat und erfülle die Hoffnung des Glaubens auf ein unvergängliches Leben bei dir.

- Führe _______ aus der Nacht des Todes in dein Licht, zur vollkommenen Freude ohne Ende und schenke ihr/ihm für immer Wohnsitz im Reich deines immerwährenden Friedens.

- Segne alle, die der/dem Verstorbenen, vor allem in den schweren Zeiten, gute Wegbegleiter waren.

- Gib den Trauernden in ihrer Ohnmacht Hilfe und in der Mutlosigkeit neue Kraft. Sei besonders denen nahe, die einsam und hilflos geworden sind, weil ihnen der einzige vertraute Mensch genommen ist.

- Lass uns erkennen, zu welcher Hoffnung ein jeder von uns berufen ist und dass nicht der Weg das Ziel ist.

- Begleite uns auf unserem Lebensweg und lass uns selber gute Weggefährten sein für die Menschen, die mit uns gehen.

- Jeder kann nun in einer kurzen Zeit der Stille der/des Verstorbenen gedenken.

Guter Gott, lass uns in Glauben und Treue unseren Weg gehen und in deiner Liebe geborgen sein, in Zeit und Ewigkeit. Amen.

Vaterunser / Gegrüßet seist du, Maria

Lasst uns jetzt gemeinsam das Gebet der Kinder Gottes sprechen, das Jesus uns gelehrt hat: Vater unser ...
Wir empfehlen unsere/n Verstorbene/n Schwester/Bruder _______ auch der Fürsprache der Gottesmutter Maria: Gegrüßet seist du Maria....

Gebet (gemeinsam)

Gott, durch deine Schöpferkraft sind wir geworden, auf dich hin nach deinem Bild geschaffen. Gemeinsam mit vielen anderen Menschen sind wir unterwegs. Jeder Einzelne ist dir wertvoll und wichtig. Du weißt um den Weg eines jeden von uns, die Start- und Lebensbedingungen, die freud- und leidvollen Erfahrungen, all die Erfolge, aber auch die Mühen, Rückschläge und Enttäuschungen.
Du kennst die guten Absichten, aber auch die Schwächen und Einflüsse, die das Leben nicht immer so gelingen lassen. Niemand ist dir gleichgültig. So möchtest du, dass wir den Weg gehen, der uns hinführt zur ewigen Gemeinschaft mit dir, zur Erfüllung des Lebens, zu ewigem Glück. Du hast uns ein Ziel gegeben, ein Zuhause jenseits des Todes.
In Jesus hast du uns den Weg dorthin eröffnet. Hilf uns, den rechten Weg zu gehen, auch durch die Dunkelheiten und Nebel des Lebens und trotz aller Widrigkeiten und Ablenkungen unseres Alltags, damit wir bei dir ankommen.
Darum bitten wir durch Jesus Christus, unseren Herrn. Amen.

Abschluss/Segensgebet

Zum Abschluss des Totengebetes erbitten wir den Segen Gottes: Schenke unserer/m verstorbenen Schwester/Bruder _______ sowie all unseren Verstorbenen ewigen Frieden und die Vollendung bei dir.

Unseren Lebensweg aber begleite allezeit mit deiner Gnade und Hilfe bis zum Ende unserer Tage. Dazu segne und behüte uns und unsere Lieben der allmächtige Gott, den wir Vater nennen dürfen, sein Sohn, der uns in Jesus Christus zum Bruder wurde und sein Heiliger Geist, der das Gute in uns bewirken will. Amen.

Mögliche Lieder

GL 380 (7) (8) (9): „Durch dich steht“

GL 456 (1): „Herr, du bist mein Leben“

GL 424 /1) (5): „Wer nur den lieben Gott“

Die Brücke, die mich trägt

Einführungstext

Herr, unser Gott, du hörst mich, wenn ich zu dir rufe. Sei mir nahe in meinem Schmerz und lass mich nicht versinken in Mutlosigkeit und Verzweiflung. Lass mich die Kraft deiner Liebe erfahren, die Not und Tod überwindet, die meine Tränen sieht und leise fortwischt. Heile die Wunde der Trennung und schenke mir die Nähe von Menschen, die meine Trauer verstehen, die Tränen, Fragen und Bitterkeit zulassen. Bewahre mich im Glauben, stärke meine Hoffnung, dass wir uns einst wiedersehen, geheilt und voller Freude im Licht deiner Liebe. Amen.

Quelle unbekannt

Begrüßung/Einleitung

Mögliche Lieder

GL 505 (1) (3): „Wir sind nur Gast auf Erden"
GL 504 (1) (2): „Vater im Himmel, höre unser Klagen"

Meditation

Ein Mensch ist gegangen
- über die Schwelle des Todes,
- hinaus in eine andere Wirklichkeit des Lebens,
- auf einer Brücke, die das Diesseits und das Jenseits verbindet.

Er hat eine ganz persönliche Erfahrung gemacht.

Dieser Mensch, der fortging, hat eine Lücke hinterlassen.
Es gilt nicht, sie zuzuschütten, auszufüllen oder zu ignorieren.
Es gilt für die, die zurückbleiben, eine Brücke darüber zu schlagen:
- die Brücke der Erinnerung, der Sehnsucht, der Liebe;
- eine Brücke, die Zeit und Ewigkeit verbindet.

Über diese Brücke gehen wir, die wir zurückgeblieben sind, tastend und suchend, oft mit großer Wehmut im Herzen.
Unsere Gefühle von Trauer und Einsamkeit sollen jedoch nicht zu Fesseln werden.
Wir können niemanden zurückholen, so wie wir auch von unserer Lebenszeit nicht einen Moment noch einmal erleben können.
Also lassen wir los – in Gottes Hände.

Irgendwann ist auch unsere Zeit gekommen, hinüber zu wechseln in die neue Dimension des Lebens; „und unser Herz wird sich freuen“.

Kurze Stille

Gebet

(gemeinsam)

Gott, unser Vater und Herr, du hast uns ins Leben gerufen, in die große Gemeinschaft der Menschen. Du hast uns nach deinem Bilde geschaffen, zur Liebe fähig, damit wir einander finden, einander helfen, füreinander da sind. So sollen wir unseren Lebensweg gehen. Für jeden von uns kommt jedoch die Stunde, da wir diese Gemeinschaft verlassen müssen. Lass uns dann begreifen, dass der Abschied kein Ende unseres Daseins ist und dass unsere Liebe Brücken zu bauen vermag in jene Wirklichkeit, die du in deiner Liebe für uns bereitet hast und die uns eröffnet ist durch Jesus Christus, unseren Herrn. Amen.

Lied

GL 221 (1) (5): „Kündet allen in der Not“

Lesung aus der Hl. Schrift

Wir hören nun einen Abschnitt

➲ aus dem ersten Brief des Apostels Paulus an die Thessalonicher

(1 Thess 4,13-14.17b. 18)

Brüder und Schwestern, wir wollen euch über die Entschlafenen nicht in Unkenntnis lassen, damit ihr nicht trauert wie die anderen, die keine Hoffnung haben. Denn wenn wir glauben, dass Jesus gestorben und auferstanden ist, so wird Gott die Entschlafenen durch Jesus in die Gemeinschaft mit ihm führen. Tröstet also einander mit diesen Worten!

Alternative

➲ aus der frohen Botschaft nach Johannes

(Joh 16,4b – 7a. 16-22)

Jesus erklärte ihnen:

Das habe ich euch nicht gleich zu Anfang gesagt; denn ich war ja bei euch. Jetzt aber gehe ich zu dem, der mich, gesandt hat, und keiner von euch fragt mich: Wohin gehst du? Vielmehr hat Trauer euer Herz erfüllt, weil ich euch das gesagt habe. Doch sage ich euch die Wahrheit: Es ist gut für euch, dass ich fortgehe. Noch eine kurze Zeit, dann seht ihr mich nicht mehr, und wieder eine kurze Zeit, dann werdet ihr mich sehen. Da sagten einige von seinen Jüngern zueinander: Was meint er damit, wenn er zu uns sagt: Noch kurze Zeit, dann seht ihr mich nicht mehr, und wieder eine kurze Zeit, dann werdet ihr mich sehen? Und: Ich gehe zum Vater? Sie sagten: Was heißt das, wenn er sagt: eine kurze Zeit? Wir wissen nicht, wovon er redet. Jesus erkannte, dass sie ihn fragen wollten, und sagte zu ihnen: Ihr macht euch untereinander Gedanken darüber, dass ich euch gesagt habe: Noch kurze Zeit, dann seht ihr mich nicht mehr, und wieder eine kurze Zeit, dann werdet ihr mich sehen. Amen, amen, ich sage euch: Ihr werdet weinen und klagen, aber die Welt wird sich freuen; ihr werdet traurig sein, aber eure Trauer wird sich in Freude verwandeln. Wenn die Frau gebären soll, hat sie Trauer, weil ihre Stunde gekommen ist; aber wenn sie das Kind geboren hat, denkt sie nicht mehr an ihre Not über der Freude, dass ein Mensch zur

Welt gekommen ist. So habt auch ihr jetzt Trauer, aber ich werde euch wiedersehen; dann wird euer Herz sich freuen und niemand nimmt euch eure Freude.

Kurze Stille

Eine kurze Zeit der Stille gibt uns die Möglichkeit, das Gehörte zu bedenken.

Lied

GL 448 (1) (4): „Herr gib uns Mut zum Hören“

Gebet (im Wechsel)

(frei nach Psalmen 18, 90 und 143):

Herr, du bist unsere Zuflucht seit Beginn
denn du bist Gott von Ewigkeit zu Ewigkeit
Durch dich sind wir geworden
Wir grünen, blühen und welken
Mühsal und Beschwernis sind das Los des Alltags
und die Zeit rafft uns dahin
So lehre mich Herr, meine Tage zu zählen
und schenke mir ein weises Herz
In meiner Not schrei ich zu dir
Du weißt um mich, neigst dein Ohr mir zu
Du bist unsere Stärke
rettende Burg und Fels in der Brandung
Dein Erbarmen schenke mir, o Herr
denn kein Lebender ist gerecht vor dir
Verberge nicht dein Angesicht vor mir
und entreiße mich dem Übel
Meine Hände recken sich dir zu
Lass mich deine Huld erfahren

Und lehre mich zu tun, was dir gefällt
Leite mich, den richt'gen Weg zu gehen
Du führst mich aus der Enge ins Weite
und machst meine Finsternis hell
Mit dir erklimme ich Höhen, überwinde Untiefen /
Du lässt mich niemals fallen
Darum will ich dir danken alle Zeit
deinen Namen stets lobpreisen
Birg mein Leben stets in deiner Huld
dass mein Herz sich freut das Leben lang
Ehre sei dem Vater und dem Sohn
und dem Heiligen Geist
Wie es war im Anfang, so auch jetzt und allezeit /
und in Ewigkeit. Amen.

Lied

GL 423 (1) (3): „Wer unterm Schutz des Höchsten"

Stille und Fürbitten

Lasst uns nach einer Zeit der Stille und des persönlichen Gedenkens unsere Fürbitten vor Gott bringen

Guter Gott, wir bitten dich:

- Nimm ______ mit offenen Armen auf. Führe sie/ihn zur Vollendung und Fülle des Lebens und schenke ihr/ihm für immer Wohnsitz im Reich deines immerwährenden Friedens
- Lohne ihr/ihm all ihre/seine Mühen, vielleicht auch in schwierigen Situationen zwischenmenschliche Brücken gebaut zu haben.

- Wir bitten dich um dein Erbarmen für sie/ ihn wo es vielleicht an der Bereitschaft gefehlt hat, Brücken der Liebe zu schlagen.
- Zeige uns allen den rechten Weg. Sei du die Brücke, die den Weg über die Abgründe des Lebens ermöglicht.
- Schütze uns, wenn wir bedroht oder gefährdet sind. Schenke Zuversicht, wenn Angst und Mutlosigkeit das Leben einengen.
- Heile die schmerzhafte Wunde, die dieser Tod geschlagen hat und schenke uns Kraft und neuen Lebensmut.
- Tröste alle, die um einen lieben Menschen trauern durch die Verheißung des Glaubens, dass der Tod nicht das Ende ist.
- Schenke allen Verstorbenen, die im Glauben an dich diese Welt verlassen haben und an die wir jetzt besonders denken, deinen ewigen Frieden.
- Hilf uns allen einst zur Freude des Wiedersehens in der Gemeinschaft aller Gotteskinder zu gelangen, frei und unbeschwert in einer Welt ohne Angst, Tränen und Schmerz.

Darum bitten wir, durch Christus, unseren Herrn. Amen.

Vaterunser / Gegrüßet seist du, Maria

Lasst uns jetzt gemeinsam beten, wie Jesus es uns gelehrt hat: Vater unser ...

Wir empfehlen unsere/n Verstorbene/n Schwester/Bruder _______ auch der Fürsprache der Gottesmutter Maria: Gegrüßet seist du, Maria ...

Gebet (gemeinsam)

Auf dem Weg durch die Trauer leuchtet uns der Glaube. Er lässt unsere Sehnsucht nach Unsterblichkeit zu der im Innersten spürbaren Gewissheit werden: Unser Leben hat einen höheren Sinn, eine ewige Bestimmung.
Auf dem Weg durch die Trauer stärkt uns die Hoffnung. Sie lässt uns darauf vertrauen: Sterben ist ein Weg. Er führt in die größte und tiefste Geborgenheit: in die Geborgenheit Gottes.
Auf dem Weg durch die Trauer tröstet uns die Liebe. Sie umfasst und umschließt alles: Leid und Trauer, Glauben und Hoffnung, Leben und Sterben, Zeit und Ewigkeit.

Abschluss/Segensgebet

Es segne uns der Vater,
der uns zum ewigen Leben erschaffen hat.
Es behüte uns der Sohn,
durch den wir Kinder Gottes sein dürfen
Es wirke in uns der Heilige Geist,
der Licht und Freude bringt.
Gehen wir nun hin in seinem Frieden.
Amen.

Lied

GL 329 (2) (3) (4): „Verklärt ist alles Leid Welt“

Dein ist die Zeit, Herr des Lebens

Einführungstext

Die Zeit, Gott zu suchen, ist dieses Leben.
Die Zeit, ihn zu finden, ist der Tod.
Die Zeit, ihn zu besitzen, ist die Ewigkeit.

Franz von Sales

Begrüßung/ Einleitung

Mögliche Lieder

GL 455 (4): „Alles meinem Gott zu ehren“

GL 784 *Paderborner Eigenteil*: „Meine Zeit steht in deinen Händen“

Meditation

Zeit …
Spanne vergänglichen Seins,
Vergangenheit, Gegenwart und Zukunft
und schon Teil der Ewigkeit;
Zeit, in der wir leben, die wir erfahren,
aus deren Vergangenheit wir schöpfen.

Ich kann sie nicht kaufen, jedoch verschenken.
Ich kann sie für mich allein verwenden,
aber auch mit anderen teilen.
Ich kann sie sinnvoll nutzen
oder einfach verstreichen lassen.
Ich kann in ihrer Spanne Gutes tun – oder Böses,
kann Chancen ergreifen oder vertun.
Ich kann sie haben – oder nicht mehr.

Ich kann sie weder sehen, fühlen oder hören,
jedoch messen, erspüren und ihren Wert schätzen lernen.
Sie kommt und geht in immer gleichem Rhythmus,
doch mal erscheint sie mir lang, mal kurz.
Ich bin in ihr ins Leben getreten;
und sie begrenzt meine Möglichkeiten.
Ich kann sie nicht festhalten und
ich werde sie einmal zurücklassen müssen.

Und ich weiß: Dies ist ein Teil der Gerechtigkeit für alle.
Ich brauche sie, um wachsen und reifen zu können,
mich zu besinnen und zu orientieren.
Ich brauche sie, um Kräfte zu sammeln,
um meine Fähigkeiten und Begabungen zu entdecken.

Ich brauche sie, um zu planen und zu verwirklichen,
zu helfen, wo ich kann.
Ich brauche sie, um mich zu entspannen,
Kontakte zu pflegen, Beziehungen zu überdenken.
Ich brauche sie, um meinen Lebensunterhalt zu beschaffen,
um meiner Familie gerecht zu werden.
Ich brauche sie, um nach dem Sinn meines Lebens
zu fragen, nach dem woher und dem wohin.
Ich brauche sie, um über meinen Schmerz
hinwegzukommen, Trauer zuzulassen.
Ich brauche sie,
um meine Lebensaufgabe zu erfüllen.

Und ich weiß: Zeit ist nicht dehnbar.

Ich weiß: Zur selben Zeit leben viele Menschen gemeinsam
auf der Erde,
sie werden auf ihr geboren oder verlassen sie;
sie leben in guten oder schlechten Verhältnissen,
sind gesund oder krank, leben in Wohlstand
oder Armut, erleben Recht oder Unrecht,
fühlen sich sicher oder sind bedroht,
sie lieben oder hassen
oder sind einander gleichgültig,
sie planen, suchen und fragen, hoffen und bangen,
sind voller Angst und Sorge oder leben unbekümmert
in den Tag hinein,
sie arbeiten und kämpfen, gewinnen und verlieren;
und alle sind auf dem Weg durch „ihre“ Zeit.

Die Zeit, sie lässt mich alt werden und vielleicht „satt an Lebenstagen“ und in ihr hinterlasse ich meine Spuren. Aber ich weiß nicht, wie viel von ihr noch verbleibt – für mich – und für alles Vergängliche. Darum vertraue ich sie dem an, der Herr ist über Zeit und Ewigkeit. In ihm allein liegt die Zukunft.

Kurze Stille

Lied

GL 440 (1) (2) (3) (4): „Hilf, Herr meines Lebens“

Gebet (gemeinsam)

Herr, du hast uns Zeit gegeben zur Entwicklung un Reife, unsere Lebensaufgabe zu erkennen und zu erfüllen. Lass uns die Zeit nutzen, um Erfahrungen zu machen, Erkenntnisse und Fähigkeiten zum Wohle aller zu gewinnen, Verhaltensweisen und Beziehungen zu überdenken und wenn nötig zu ändern. Unser Leben lang sind wir auf der Suche nach dir. Wir danken dir, dass du uns Zeit lässt, dich zu finden. Amen.

Lesung aus der Hl. Schrift

Wir hören nun einen Abschnitt

➲ aus der frohen Botschaft nach Matthäus

(Mt 25,1-13)

Jesus erzählte seinen Zuhörern dieses Gleichnis: Dann wird es mit dem Himmelreich sein wie mit zehn Jungfrauen, die ihre Lampen nahmen und dem Bräutigam entgegengingen. Fünf von ihnen waren töricht und fünf waren klug. Die Törichten nahmen ihre Lampen mit, aber kein Öl, die Klugen aber nahmen mit ihren Lampen noch Öl in Krügen mit. Als nun der Bräutigam lange nicht kam, wurden sie alle müde und schliefen ein. Mitten in der Nacht aber erscholl der Ruf: Siehe, der Bräutigam! Geht ihm entgegen! Da standen die Jungfrauen alle auf und machten ihre Lampen zurecht. Die törichten aber sagten zu den klugen: Gebt uns von eurem Öl, sonst gehen unsere Lampen aus! Die Klugen erwiderten ihnen: Dann reicht es nicht für uns und für euch; geht lieber zu den Händlern und kauft es euch! Während sie noch unterwegs waren, um es zu kaufen, kam der Bräutigam. Die Jungfrauen, die bereit waren, gingen mit ihm in den Hochzeitssaal und die Tür wurde zugeschlossen. Später kamen auch die anderen Jungfrauen und riefen: Herr, Herr, mach uns auf! Er aber antwortete ihnen und sprach: Amen, ich sage euch: Ich kenne euch nicht. Seid also wachsam! Denn ihr wisst weder den Tag noch die Stunde.

Alternativen

➲ aus dem Evangelium nach Markus

(Mk 13,33-37)

Jesus sagt: Gebt Acht und bleibt wach! Denn ihr wisst nicht, wann die Zeit da ist. Es ist wie mit einem Mann, der sein Haus verließ, um auf Reisen zu gehen: Er übertrug die Vollmacht seinen Knechten, jedem eine bestimmte Aufgabe; dem Türhüter befahl er, wachsam zu sein. Seid also wachsam! Denn ihr wisst nicht, wann der Hausherr kommt, ob am Abend oder um Mitternacht, ob beim Hahnenschrei oder erst am Morgen. Er soll euch, wenn er plötzlich kommt, nicht schlafend antreffen. Was ich aber euch sage, das sage ich allen: Seid wachsam!

➲ aus dem Evangelium nach Johannes

(Joh 12,23-26.32-36a)

Jesus aber antwortete ihnen: Die Stunde ist gekommen, dass der Menschensohn verherrlicht wird. Amen, amen, ich sage euch: Wenn das Weizenkorn nicht in die Erde fällt und stirbt, bleibt es allein; wenn es aber stirbt, bringt es reiche Frucht. Wer sein Leben liebt, verliert es; wer aber sein Leben in dieser Welt gering achtet, wird es bewahren bis ins ewige Leben. Wenn einer mir dienen will, folge er mir nach; und wo ich bin, dort wird auch mein Diener sein. Wenn einer mir dient, wird der Vater ihn ehren. Und ich, wenn ich über die Erde erhöht bin, werde alle zu mir ziehen. Das sagte er, um anzudeuten, auf welche Weise er sterben werde.

Die Menge jedoch hielt ihm entgegen: Wir haben aus dem Gesetz gehört, dass der Christus bis in Ewigkeit bleiben wird. Wie kannst du sagen, der Menschensohn müsse erhöht werden? Wer ist dieser Menschensohn? Da sagte Jesus zu ihnen: Nur noch kurze Zeit ist das Licht bei euch. Geht euren Weg, solange ihr das Licht habt, damit euch nicht die Finsternis überrascht! Wer in der Finsternis geht, weiß nicht, wohin er gerät. Solange ihr das Licht bei euch habt, glaubt an das Licht, damit ihr Söhne des Lichts werdet!

Kurze Stille

In einer kurzen Zeit der Stille können wir das Gehörte bedenken.

Mögliche Lieder

GL 554 (1): „Wachet auf"

GL 437 (1) (2) (4): „Meine engen Grenzen"

Psalm 103 (im Wechsel)

(aus GL 57)

Lobe den Herrn, meine Seele,
und alles in mir seinen heiligen Namen!

> Lobe den Herrn, meine Seele, / und vergiss nicht, was er dir Gutes getan hat:

der dir all deine Schuld vergibt
und all deine Gebrechen heilt,

> der dein Leben vor dem Untergang rettet
> und dich mit Huld und Erbarmen krönt.

Der Herr ist barmherzig und gnädig,
langmütig und reich an Güte.

> Denn so hoch der Himmel über der Erde ist, / so hoch ist seine Huld über denen, die ihn fürchten.

Soweit der Aufgang entfernt ist vom Untergang,
so weit entfernt er die Schuld von uns.

> Wie ein Vater sich seiner Kinder erbarmt,
> so erbarmt sich der Herr über alle, die ihn fürchten.

Denn er weiß, was wir für Gebilde sind;
er denkt daran: Wir sind nur Staub.

> Des Menschen Tage sind wie Gras,
> er blüht wie die Blume des Feldes.

Fährt der Wind darüber, ist sie dahin;
der Ort, wo sie stand, weiß von ihr nichts mehr.

> Doch die Huld des Herrn währt immer und ewig / für alle, die ihn fürchten und ehren.

Ehre sei dem Vater und dem Sohne
und dem Heiligen Geiste.

> Wie im Anfang, so auch jetzt und allezeit
> und in Ewigkeit. Amen.

Fürbitten

Bitten wir nun Gott, den Herrn über Leben und Tod, Zeit und Ewigkeit:
Du hast in deinem Sohn Jesus Christus Anteil genommen am menschlichen Leben und seiner Begrenzung. In ihm hast du Not, Trauer und Tod mit uns durchlebt und kennst die Gefühle, die uns bewegen. So dürfen wir dich voll Vertrauen bitten:

- Für _______, die/der aus der Zeit des Erdenlebens herausgetreten ist: Sieh in deiner erbarmenden Liebe auf ihr/sein Leben und ergänze in deiner Güte, was noch fehlt; vergilt ihr/ihm alle Zeit, die sie/er uns liebevoll geschenkt hat und vergib, wo sie vielleicht aus menschlicher Schwäche falsch genutzt oder anderen verweigert wurde; führe ihr/sein Leben zur Vollkommenheit und mache es heil in dir.

- Wir bitten dich für alle, deren Leben sich durch diesen Tod verändern wird: Lass sie Hilfe erfahren, wenn sie von den Schwierigkeiten des Lebens bedrängt sind und schenke ihnen im Glauben Trost, Kraft und Lebensmut. Lass die Zeit helfen, Wunden zu heilen, ohne zu vergessen; lass uns Zeit finden, um einander zu helfen in Wort und Tat.

- Hilf allen, die Angst vor dem Ablauf ihrer Lebenszeit haben, die von Zukunftsängsten und Zweifeln geplagt sind, denen vielleicht die vergangene Zeit unbewältigt vor Augen steht: Lass sie dich als liebenden Gott erfahren, dem sie sich anvertrauen dürfen. Schenke uns allen nach der Schwere der Erdenzeit die ewige Freude und Geborgenheit bei dir.

- Denken wir nun in Stille an die/den Verstorben/en.
- Wir beten auch für alle, die im Strom der Zeit vergessen sind. Führe sie zur Vollendung und lass sie für immer in deinem Licht leben.

Gott, von dir kommt alles Leben. Gib uns das Bewusstsein, dass unsere irdische Zeit begrenzt und kostbar ist. Lass uns das Leben in rechter Weise führen, damit wir bereit sind, wenn du uns heimrufst. Wenn unsere Augen dann aufgehen, lass uns eingeladen sein, für immer in deinem Licht zu leben. Amen.

Vaterunser / Gegrüßet seist du, Maria

Lasst uns jetzt gemeinsam das Gebet der Kinder Gottes sprechen, wie Jesus es uns gelehrt hat: Vater unser ...
Wir empfehlen unsere/n Verstorbene/n Schwester/Bruder _______ auch der Fürsprache der Gottesmutter Maria: Gegrüßet seist du, Maria...

Mögliche Lieder

GL 422 (1) (2) (3): „Ich steh vor dir mit leeren Händen, Herr"
GL 429 (1) (2) (5): „Gott wohnt in einem Lichte"

Gebet (gemeinsam)

Gott, wir sind vor dir versammelt – und wieder ist Zeit vergangen. Du lässt uns einst aus der Zeit heraustreten, aus unserer Beschränkung und Unzulänglichkeit. Dann werden wir dich, den Ewigen, erkennen und unser Herz wird sich freuen. Hilf uns, bis dahin das Geschenk der Zeit sinnvoll zu nutzen und lass Hoffnung und Zuversicht stets stärker sein als Trauer und Schmerz. Darum bitten wir dich durch Jesus Christus, unseren Herrn. Amen.

Abschluss/Segensgebet

Gott segne deine Augen, dass du weinen kannst und nicht in der Kälte deiner Trauer erstarrst.
Gott segne deine Begegnungen, damit du Menschen findest, die dir geduldig und verstehend zuhören.
Gott segne deinen Mund, damit du die Worte findest
für deine Trauer und deinen Schmerz.
Gott segne deine Schritte, dass du einen Weg findest in dein neues Leben.
Gott segne dein Herz, dass deine Erinnerung wie ein Nest wird, in dem du dich bergen kannst.
Gott segne dich damit, dass dein Glaube nicht zerbricht
und deine Hoffnung wächst; denn er sieht und hört, tröstet und befreit unseren Tod zu neuem Leben.

(Ida Lamp)

Mögliche Lieder

GL 505 (1) (3): „Wir sind nur Gast auf Erden“

GL 484 (1): „Dank sei dir, Vater“

Spuren des Lebens

Einführungstext

Spuren sind in mir und entstehen durch mich.
Die Spuren vor, hinter und neben mir
verlaufen nicht so wie meine.
Wo aber sind deine Spuren, Herr?
Lass sie mich erkennen – und ihnen folgen.

Klaus Harrischmacher

Begrüßung/Einleitung

Lied

GL 505 (1) (3): „Wir sind nur Gast auf Erden“

Meditation

Spuren, die Welt ist voll davon;
es gibt nichts, was spurlos vorübergeht,
gewollt oder nicht:
Spuren der Entwicklungsgeschichte der Erde,

Spuren des menschlichen Geistes,
Spuren von Zerstörung
und Aufbau,
von Gut und Böse,
Spuren in den Gesichtern der Menschen,
Spuren, die Rätsel aufgeben
oder Irritationen hervorrufen.
Ich erkenne auch Spuren Gottes:
die Lebenskraft,
die Liebe,
die Größe und Schönheit der Schöpfung,
sein Wort,
den Weg Jesu,
das Wirken seines Geistes in vielen Menschen.
Und ich selber *bin*,
obwohl einmalig und selbständig,
zugleich Teil einer Spur,
die zurückgeht
auf alle meine Vorfahren
– letztlich hin zum Schöpfer allen Seins.

Der Verlauf des Lebens prägt uns. Wir alle *tragen* Spuren in uns: das Erbe der Vorfahren, der Einfluss durch Erziehung, Freundschaft, Partnerschaft und Lebenserfahrung. Es sind positive Erfahrungen von Liebe und Geborgenheit, von Hilfe und Fürsorge, aber auch die leidvollen und bitteren Erlebnisse, die sich in unserer Erinnerung festgesetzt haben: Verluste, Enttäuschungen, Fehlentwicklungen und Rückschläge, die Ärgernisse des Alltags und nicht zuletzt auch die spitzen Worte, die die Seele verletzten – deren Wunden immer wieder aufbrechen und nach Heilung suchen.

Jeder Mensch *hinterlässt* Spuren: in den Ereignissen und durch die Art und Weise seines Lebens, in der Weitergabe seiner Erbanlagen und der Erziehung der Kinder, in Beruf, Freizeit und Öffentlichkeit; durch sein Dasein – indem er so ist, wie er ist: durch Reden, Handeln und Unterlassen, durch seine Überzeugungen, Wertvorstellungen, Ziele und Wünsche, durch Lebensentscheidungen und Einflussnahmen, durch positive oder negative Denkweise, schließlich durch sein Fehlverhalten, aber auch durch das Gute, das er bewirkt.

Wenn uns ein Mensch verlässt, dann ist immer etwas von ihm zurückgeblieben: persönliche Gegenstände, vielleicht sogar ein besonderes Lebenswerk, Briefe, Bildaufnahmen oder Worte, die noch nachklingen. Die tiefsten Spuren finden wir jedoch in unserer Erinnerung, im Herzen:

Vielleicht sind es Gefühle der Liebe oder einer freundschaftlichen Verbundenheit. Vielleicht waren es besondere Begegnungen oder Erlebnisse mit diesem Menschen, die angerührt oder gar geprägt haben.
Vielleicht war es das Vorbild dieses Menschen, das beeindruckt oder ermutigt hat, dessen Lebensfreude, Schaffenskraft oder Fähigkeiten.
Vielleicht waren es auch die liebenswerten Eigenarten, die Güte und Wärme dieses Menschen, seine Aufrichtigkeit, seine Ausstrahlung, sein Einsatz für Andere, dass er da war, wenn man ihn brauchte.
Vielleicht waren es Glaubenskraft und Zuversicht, Geduld und Dankbarkeit.

Vielleicht war es einfach nur das Dasein dieses Menschen, welches das eigene Leben bereichert – und Spuren hinterlassen hat.
Vielleicht gibt es Spuren, die rätselhaft geblieben sind, Erinnerungen, die Unverständnis, Schmerz oder gar Zorn und Bitterkeit aufkommen lassen, Fragen, die unbeantwortet sind; Wunden, die der Heilung bedürfen. Vielleicht wird uns auch eigenes Versagen schmerzhaft bewusst – Spuren unbewältigter Vergangenheit.

Allen Spuren gemeinsam ist, dass sie Teil der Vergangenheit sind, die man nicht zurückholen kann – Spuren, die uns in der Trauer deutlicher und bewusster werden. Man kann sie als Orientierungshilfe für den eigenen Weg nutzen. Aber den muss jeder selber gehen – und jeder wird dabei seine eigene Spur hinterlassen, die sich von allen anderen unterscheidet.

Sind *wir* eine Spur, die zum Leben führt?

Kurze Stille

Gebet (gemeinsam)

Herr, unser Gott, wenn wir heute für unsere/n Verstorbene/n ______ beten, wird in uns die Erinnerung lebendig an die gemeinsame Zeit und wie wir sie gelebt haben, unser Miteinander und Füreinander; die Gespräche, Überlegungen und Pläne. Wir denken an die freud- und leidvollen Erfahrungen, die das gemeinsame Leben geprägt haben.
All dieses wird nicht vergessen sein, nicht im Grab versinken. Die Spur, die das Leben von ______ in uns hinterlassen

hat, sie wird so schnell nicht verblassen und irgendwann – so hoffen wir – werden wir sie wieder aufnehmen dürfen.

Lied

GL 543 (1) (4): „Wohl denen, die da wandeln“

Lesung aus der Hl. Schrift

Wir hören nun einen Abschnitt
➲ aus der frohen Botschaft nach Lukas

(Lk 15,11-24)

Weiter sagte Jesus: Ein Mann hatte zwei Söhne. Der jüngere von ihnen sagte zu seinem Vater: Vater, gib mir das Erbteil, das mir zusteht! Da teilte der Vater das Vermögen unter sie auf. Nach wenigen Tagen packte der jüngere Sohn alles zusammen und zog in ein fernes Land. Dort führte er ein zügelloses Leben und verschleuderte sein Vermögen. Als er alles durchgebracht hatte, kam eine große Hungersnot über jenes Land und er begann Not zu leiden. Da ging er zu einem Bürger des Landes und drängte sich ihm auf; der schickte ihn aufs Feld zum Schweinehüten. Er hätte gern seinen Hunger mit den Futterschoten gestillt, die die Schweine fraßen; aber niemand gab ihm davon. Da ging er in sich und sagte: Wie viele Tagelöhner meines Vaters haben Brot im Überfluss, ich aber komme hier vor Hunger um. Ich will aufbrechen und zu meinem Vater gehen und zu ihm sagen: Vater, ich habe mich gegen den Himmel und gegen dich versündigt. Ich bin nicht mehr wert, dein Sohn zu sein; mach mich zu einem deiner Tagelöhner! Dann brach er auf und ging zu seinem Vater. Der Vater sah ihn schon von Weitem kommen und er hatte Mitleid mit ihm. Er lief dem Sohn entgegen, fiel ihm um den Hals und küsste ihn. Da sagte der Sohn zu ihm: Vater, ich habe mich gegen den Himmel und gegen dich versündigt; ich bin nicht mehr wert, dein Sohn zu sein. Der Vater aber sagte zu seinen Knechten: Holt schnell das beste Gewand und zieht es ihm an, steckt einen Ring an seine Hand und gebt ihm Sandalen an die Füße! Bringt das Mastkalb her und schlachtet es; wir wollen essen und fröhlich sein. Denn dieser, mein Sohn, war tot und lebt wieder; er war verloren und ist wiedergefunden worden. Und sie begannen, ein Fest zu feiern.

Alternativen

➲ aus der aus der frohen Botschaft nach Johannes (Joh 14,1-6) – vgl. Andacht „Weg“

oder

➲ aus dem 2.Brief des Apostels Paulus an die Korinther (2 Kor 5,1.6-10) – vgl. Andacht „Weg“

Kurze Stille

In einer kurzen Zeit der Stille wollen wir das Gehörte bedenken.

Lied

GL 440 (1) (2) (3) (4): „Hilf, Herr meines Lebens“

Gebet (im Wechsel)

V: Herr, unser Gott,
in dir allein ist Heil: A: Wir vertrauen dir
Du bist uns nahe:
Du kennst jeden von uns:
Du rufst uns zur Nachfolge:

Du bist der Weg, der zum Ziel führt:
Wir erwarten dein Reich:
Bei dir finden wir Vergebung:
Du nimmst von uns die Last unserer Schuld:
Du nimmst jeden, der zu dir kommt,
mit offenen Armen auf:
Du bist die Kraft, die uns hält:
Du bist unsere Hoffnung und Zuversicht:
Du hast uns zur ewigen Freude berufen:
Du hast uns das Tor zum Leben geöffnet:
Du hast uns eine ewige Wohnung bereitet:
Du wirst all unsere Tränen trocknen:
Du schenkst uns Anteil an deinem Leben:
Du bist das Licht, das uns in Ewigkeit leuchtet:
Du allein bist die Zukunft derer,
die an dich glauben:
Du wirst einst wiederkommen in Herrlichkeit:

V: Guter Gott, in Jesus bist du uns menschlich geworden, in ihm hast du uns deine Liebe offenbart.
Du bist das Licht und das Leben der Welt. Wer in dir lebt, wird in Ewigkeit nicht sterben. Wer dir vertraut, wird nicht enttäuscht werden.
A: Amen.

Fürbitten

Bringen wir nun unsere Fürbitten vor Gott, den Herrn des Lebens.
Guter Gott, du Ursprung allen Lebens, in dir dürfen wir eine unvergängliche, glückliche Zukunft erwarten. Das Leben hinterlässt so viele Spuren unseres Wesens, Denkens und

Handelns. Heute danken wir für all die guten und hilfreichen Spuren, die ______ hinterlassen hat.

- Wir bitten dich, nimm alles Unheile hinweg und decke in deiner Barmherzigkeit alle Spuren ihres/seines Lebens zu, die Wunden hinterlassen haben
- Lass sie/ihn ausruhen von der Mühsal des irdischen Lebens und führe sie/ihn zur Vollendung, zu einem Leben in Fülle
- Stärke alle, die um ______ trauern, im Glauben an deine Liebe, die stärker ist als der Tod.
- Hilf allen, die durch den Tod eines lieben Menschen einsam, hilflos oder mutlos geworden sind.
- Schenke auch den Verstorbenen, denen wir besonders verbunden sind, den ewigen Frieden in dir
- Stärke unseren Glauben und lass uns über den Sorgen des Alltags nicht vergessen, zu welcher Hoffnung wir berufen sind
- Öffne uns einst das Tor des Himmels und führe wieder zusammen, was auf Erden durch das Band der Liebe verbunden war

Wir können nun still die eigenen Gedanken, Wünsche und Gebete vor Gott bringen.

Vaterunser / Gegrüßet seist du, Maria

Durch Jesus Christus sind wir zu Kindern Gottes geworden und dürfen Gott unseren Vater nennen. Beten wir nun gemeinsam, wie Jesus es uns gelehrt hat: Vater unser im Himmel ...

Wir empfehlen unsere/n verstorbene/n Schwester/Bruder _______ auch der Fürsprache der Gottesmutter Maria: Gegrüßet seist du Maria ...

Gebet (gemeinsam)

Guter Gott, die Welt ist voller Spuren. Oft übersehen wir deine Spuren, überhören deinen Anruf an uns und geraten in die Gefahr, uns an Spuren zu orientieren, die nicht zum Leben führen. Wir bitten dich: Hilf uns, eine gute Spur des Lebens zu hinterlassen, eine Spur, auf der du uns am Ende unserer Zeit entgegenkommst – als liebender Vater. Amen.

Abschluss/Segensgebet

Gott, der Herr, schenke uns Trost und Beistand, Hilfe und Schutz.
Er stärke uns im Glauben und gebe uns Mut und Zuversicht, unser Leben zu leben – und ihm zu vertrauen.
Er sei die Erfüllung unseres Lebens in Ewigkeit.
Dazu segne uns Gott der Vater, der Sohn und der Heilige Geist. Amen.

Lied

GL 461 (1) (2): „Mir nach, spricht Christus“

Wohin gehst du?

Einführungstext „AM RAND DER ZEIT“

Was wird sein,
wenn einst alles rings um mich versinkt
bedeutungslos und klein
es nun gilt, den Rand der Zeit zu überwinden
jetzt ich, nur ich allein
heraus aus meiner Schwerkraft Grenzen
hinein ins ew’ge Meer des nie Erlebten
alles hinter mir zurück zu lassen
Was wird sein mein Los – danach?
Werd’ ich getragen sein
von all den Wogen
die mich dann umgeben

hin zu neuen Ufern meines Seins?
Werd' ich gerufen mit dem Namen mein
in neue, lichte Sphären?
Ich glaub an Dich, mein Gott
dennoch bleibt in mir die Frage
Wie wird es sein?

Klaus Harnischmacher: Neufassung 19.8.2017

Begrüßung/Einleitung

Mögliche Lieder

GL 422 (1) (2) (3): „Ich steh vor dir mit leeren Händen, Herr"
GL 424 (1) (5): „Wer nur den lieben Gott lässt walten"

Meditation

Wer sich verabschiedet, weiß im Allgemeinen zumindest in etwa, wohin die Reise geht, welche Verhältnisse und Bedingungen am Zielort vorherrschen, welche Erwartungen damit verknüpft sind – und hat möglicherweise sogar einen „Plan B" in der Tasche. Wer reist, nimmt normalerweise das Nötige mit, wer auf Dauer am Zielort bleiben will, zieht mit allen wichtigen und unentbehrlichen Dingen um. Nicht so, wenn es gilt, von dieser Welt gehen zu müssen. Da gilt es, radikal loszulassen – alles bleibt zurück. Da sind liebe Menschen, mit denen man durchs Leben gegangen ist, die gemeinsamen und verbindenden Erlebnisse in Freud und Leid. Es sind vielleicht Lebenswerke oder Dinge, an denen das Herz hängt, Pläne, die man nun in andere Hände legen muss, Angefangenes, das noch nicht zu Ende geführt wurde. Da sind vielleicht auch Sorgen um die Zurückbleibenden, das Wohl und Wehe eines Lebenswerkes. Durch den

Tod wird ein radikaler Schnitt gesetzt – ein Ende aller menschlicher Planung und Aktivität.
Ob und wie es weitergeht, bleibt unserer Wahrnehmung verborgen. Niemand kann mitgehen durch den Tod – niemand ist je aus dem Tod zurückgekommen. Auch die, welche voller Leid und Kummer zurückbleiben, müssen loslassen. Allein die Gedanken und Bilder, die an gemeinsame Zeiten der Liebe, Freundschaft und Zuneigung erinnern, bleiben vielleicht noch lange lebendig. War das alles?

Im christlichen Glauben steht am Ende unseres Erdenlebens nicht ein großes Fragezeichen oder der Sturz in ein unbewusstes Nichts. Unser Lebensweg hier war nicht schon das Ziel; er endet nicht im Tod, sondern mündet ein in die Ewigkeit Gottes. Vertrauensvoll hoffen wir, dann aufgefangen zu werden von der Liebe Gottes, in einer Sphäre von Licht und Freude. Das schließt nach katholischem Glaubensverständnis nicht aus, dass vorher noch eine Phase persönlicher „Nachreife“ gesetzt ist, in der wir der Vollkommenheit des Himmels näherkommen. Dazu dürfen unsere Gebete eine Brücke „hinüberschlagen“.

Gebet

Gott, Ursprung und Herr allen Lebens, unbegreiflich in deiner Macht und Größe und jenseits allen menschlichen Denkens, du hast uns auf dich hin geschaffen und bist uns nahe. Du legtest den Atem der Ewigkeit in unser Leben und willst uns Heimat sein und Zukunft, wenn unsere Zeit hier abläuft und wir frei werden von allen irdischen Beschränkungen und Sorgen. Erfülle die Hoffnung aller Verstorbenen, die an dich geglaubt haben und stärke auch unsere Zuversicht, einst in Gemeinschaft aller Gotteskinder für immer in deinem Licht zu leben. Amen.

Mögliche Lieder

GL 429 (1) (5): „Gott wohnt in einem Lichte"
GL 812 *Paderborner Eigenteil* (1) (3): „So nimm denn meine Hände"

Lesung aus der Hl. Schrift

➲ aus dem Brief des Apostels Paulus an die Epheser

(Eph 1,17-21)

Der Gott Jesu Christi, unseres Herrn, der Vater der Herrlichkeit, gebe euch den Geist der Weisheit und Offenbarung, damit ihr ihn erkennt. Er erleuchte die Augen eures Herzens, damit ihr versteht, zu welcher Hoffnung ihr durch ihn berufen seid, welchen Reichtum die Herrlichkeit seines Erbes den Heiligen schenkt und wie überragend groß seine Macht sich an uns, den Gläubigen, erweist durch das Wirken seiner Kraft und Stärke. Er ließ sie wirksam werden in Christus, den er von den Toten auferweckt und im Himmel auf den Platz zu seiner Rechten erhoben hat, hoch über jegliche Hoheit und Gewalt, Macht und Herrschaft und über jeden Namen, der nicht nur in dieser Weltzeit, sondern auch in der künftigen genannt wird.

Alternativen

➲ aus der Frohen Botschaft nach Johannes

(Joh 12,24-26)

(Jesus antwortete ihnen): Amen, amen, ich sage euch: Wenn das Weizenkorn nicht in die Erde fällt und stirbt, bleibt es allein; wenn es aber stirbt, bringt es reiche Frucht.

Wer sein Leben liebt, verliert es; wer aber sein Leben in dieser Welt gering achtet, wird es bewahren bis ins ewige Leben. Wenn einer mir dienen will, folge er mir nach; und wo ich bin, dort wird auch mein Diener sein. Wenn einer mir dient, wird der Vater ihn ehren.

oder

➲ aus der Frohen Botschaft nach Johannes (Joh 14,1-6) – vgl. Andacht 3 „Weg“

oder

➲ aus Jesaja 43,1-3a.7 – vgl. Andacht „Hand“

Kurze Stille

Eine kurze Zeit der Stille gibt uns nun die Möglichkeit, das Gehörte bedenken.

Gebet (im Wechsel)

(frei nach Psalm 91)

Wer Gott vertraut, auf ihn die Hoffnung setzt,
darf geborgen sein beim ihm, der alle Macht besitzt.

> Er sagt zum Herrn, du meine Zuflucht und mein Heil / in deinem Schutzwall bin ich sicher geborgen

Wenn auch um mich herum das Unheil tobt,
aus der Dunkelheit Gefahr und Schrecken droht,

> auf schmalem Grat ich gehe,
> des Todes Schatten mich bedrängen,

bist du mir dennoch sichre Burg, mein Gott,
du wirst mein Leben vor dem Untergang bewahren,

> mich retten vor der Bosheit Gräuel,
> Verderbnis und Schande wendest ab von mir.

Denn an dir, Herr, hängt mein ganzes Herz.
Meine Bitte dringt zu dir, du hörst sie.
Tag für Tag siehst du mich an.
In meiner Not bist du mir nahe.
Gnade und Hilfe kommen mir von dir
zeitlebens bis zum Ende
Ehre sei dem Vater und dem Sohn
und dem Heiligen Geist
wie im Anfang, so auch jetzt und allezeit
und in Ewigkeit. Amen.

Lied

GL 423 (1) (3): „Wer unterm Schutz des Höchsten steht“

Fürbitten

Gott, Schöpfer allen Lebens, Anfang und Ende im Leben bewegen unsere Herzen. Du bist uns nahe in der Freude, aber auch im Schmerz der Trauer. Wir empfehlen dir voll Vertrauen das Leben von _______, die ihr/ der sein Leben in deine Hand zurückgegeben hat.

- Vergib in deinem Erbarmen Schwäche und Schuld und vollende in deiner Güte, was unvollkommen geblieben ist. – Gott, Leben und Zukunft für uns:

A: Wir bitten dich, erhöre uns.

- Heile die Verletzungen und Belastungen ihres/seines Lebens und schenke ihr/ihm Heimat und Geborgenheit für immer. – Gott, Leben und Zukunft für uns:

A: Wir bitten dich, erhöre uns.

- Erfülle die Zuversicht des Glaubens auf ein unvergängliches Leben bei dir und führe sie/ihn vom Glauben zum Schauen, vom Leiden zur Freude, aus der Nacht des Todes in dein unvergängliches Licht, aus Begrenztheit und Mangel irdischen Lebens zur Fülle des Lebens ohne Ende. – Gott, Leben und Zukunft für uns:

A: Wir bitten dich, erhöre uns.

- Gedenke all ihrer/seiner Mühen um das Wohl Anderer und vergilt ihr/ihm all das Gute, was sie/er im Leben bewirkt hat. – Gott, Leben und Zukunft für uns:

A: Wir bitten dich, erhöre uns.

- Tröste und stärke alle, die der Tod von _______ schmerzhaft berührt, durch die Verheißung des Glaubens, dass der Tod nicht das Ende menschlichen Lebens bedeutet, sondern Durchgang zu neuem Sein ist. – Gott, Leben und Zukunft für uns

A: Wir bitten dich, erhöre uns.

- Bewahre in uns die Erinnerung an all das Liebevolle und Schöne der gemeinsamen Zeit und führe alle, die hier durch das Band der Liebe verbunden waren, in deinem Licht wieder zusammen. – Gott, Leben und Zukunft für uns:

A: Wir bitten dich, erhöre uns.

- In einer Zeit der Stille kann nun jeder für sich den eigenen Gedanken, Gefühlen und Erinnerungen nachgehen.

- Herr, gedenke auch der Verstorbenen, um die niemand trauert, und führe sie in deinen ewigen Frieden – Gott, Leben und Zukunft für uns:

A: Wir bitten dich, erhöre uns.

- Für die hier Versammelten, dass wir in den Stunden der Dunkelheit und Mutlosigkeit nicht vergessen, dass du uns nahe bist. Begleite unser aller Lebenswege und lass die Erkenntnis reifen, dass wir zur ewigen Freude berufen sind in Gemeinschaft mit allen, die das Siegel der Gerechten tragen. – Gott, Leben und Zukunft für uns:

A: Wir bitten dich, erhöre uns.

Herr, nimm ______, für die/den wir dich heute besonders bitten, in dein himmlisches Reich auf. Sei uns nahe mit deinem Segen, dass unser Leben reich und fruchtbar werde in deinen Augen. Öffne uns allen einst das Tor des Himmels und schenke uns die Freude des Wiedersehens mit all unseren Lieben. Lass dein Angesicht über uns leuchten und erfülle unser Sehnen nach Geborgenheit, Frieden, Liebe, Freude und Glück einst für immer.
Darum bitten wir durch Jesus Christus, deinen Sohn, unseren Herrn und Gott.
A: Amen.

Vaterunser / Gegrüßet seist du, Maria

Lasst uns nun gemeinsam das Gebet der Kinder Gottes sprechen und auch all das hineinlegen, was uns innerlich bewegt: Angst und Zweifel, Schmerz und Trauer, Hoffnung und glaubende Zuversicht: Vater unser ...

Bitten wir auch die Gottesmutter Maria um ihre Fürsprache bei Gott: Gegrüßet seist du Maria...

Abschluss/Segensgebet

Gott, du kennst unser Leben, auch das Dunkle und den Schmerz unserer Trauer. Lass uns stets in dir geborgen sein. Begleite unser Leben mit deinem Segen, dass wir den rechten Weg gehen, der in dein ewiges Licht führt. Schenke _______ und einst uns allen den ewigen Frieden, das Erbe der Gotteskinder durch Jesus Christus, unseren Herrn. Amen

Dazu segne uns und all unsere Lieben der allmächtige Gott, der Vater, der Sohn und der Heilige Geist.

Mögliche Lieder

GL 380 (7) (8) (9) (10): „Durch dich steht das Himmelstor ..."

GL 478 (1) (5): „Ein Haus voll Glorie schauet"

Reise über den Horizont – das Ende des Lebensbogens?

Begrüßung/Einleitung

Einführungstext

Alles hat seine Zeit …
Zur Zeugung, Geburt und zum Aufwachsen
Zum Lernen, Verstehen und Entdecken
Zur Liebe, Freundschaft und Gemeinsamkeit
Zur Aussaat und Ernte
Für das Einbringen von Fähigkeiten
Für Erfolge, Enttäuschung und Auflehnung
Für Besinnung und Erkenntnis
Für Hoffnung und Zuversicht
Für Freude, Leid, Verlust und Trauer
Für Höhepunkte und Verfall
Für Neues und Abschied vom Bisherigen

Für das Festhalten und Loslassen
Für ein Ende irdischen Lebens
frei nach Kohelet 3

Mögliche Lieder

GL 428 (1) (5): „Herr, dir ist nichts verborgen"
GL 784 *Paderborner Eigenteil*: „Meine Zeit steht in deinen Händen"

Meditation: „und geh mit ihm hinaus ..."

Geboren aus der Mutter Schoß
der Zukunft preisgegeben
Der Horizont unsichtbar fern
und viele Wege offen
So ging ich hinaus ins Leben
einzigartig, unverkennbar ich
in ein unbekanntes Morgen ...

Tasten, Suchen, Irren, Finden,
Gut und Böse, Liebe, Leid und Last,
Mühe und Enttäuschung nur?
Gibt es ein Ziel, das alles lohnt
tieferen Sinn dahinter
das Leben ohne Ende
in Sicherheit und Harmonie?

Einst führte des Lebens Bogen steil bergauf
Unbegrenzt, so wie mir schien
der Tage Zahl gefüllt mit täglich Einerlei
von Arbeit, Sorg' und Müh';
nicht wahrgenommen den Zenit

Nichts ist so flüchtig wie die Zeit
zwischen Werden und Vergehen,
dem Wollen und Vollbringen,
Leben kann ich nur im Jetzt und Hier
Vergangenes ruht dennoch tief in mir
Erinnerung als Freud, als Last
ganz tief in meiner Seele

Der Tage Takt, er scheint nun schneller
leise drängt sich Abschied auf
doch alles ist noch nicht getan
Den Wettlauf mit der Zeit –
könnt ich jemals ihn gewinnen?
Schon spüre ich des Todesengels Schwingen
und geh mit ihm hinaus ...

Dass eine neue Tür sich öffnet
aus Raum und Zeit der Erd' hinaus
die Augen dann aufs neue leuchten
in ew'ger Welt voll Friede, Glanz und Licht
Noch gilt des *Glaubens* Zuversicht
durch aller Nebel Schleier
Ziel und Erfüllung dort zu finden

Klaus Harnschmacher: und geh mit ihm hinaus ...
Neufassung v. 24.04.2018

Kurze Stille

Gebet

Gott, Ursprung und Herr allen Lebens, du bist unbegreiflich in deiner Allmacht und Größe und jenseits allen menschlichen Denkens. Und doch willst du uns Zukunft und ewige Heimat sein. Täglich schiebt uns die Zeit ein Stück weiter nach vorne, werden wir an Erfahrungen reicher, vielleicht auch ein wenig reifer. Der Horizont menschlichen Seins auf dieser Erde rückt für jeden näher, unsichtbar und bedrohlich. Die unheimliche Macht des Todes bedrückt und trennt uns. Unbehagen, Angst, Schmerz und ein Gefühl der Macht-Losigkeit belasten. Wie wird es danach sein…? Lass uns stets deinem Wort vertrauen und fang uns auf am Rand des irdischen Seins. Lass am Ende der Nacht des Todes deine Sonne über uns erstrahlen. Amen.

Mögliche Lieder

GL 505 (1) (3): „Wir sind nur Gast auf Erden"
GL 429 (1) (2) (5): „Gott wohnt in einem Lichte"

Lesung aus der Hl. Schrift

➲ Aus dem Brief des Apostels Paulus an die Epheser
(Eph 1,3-7.17-19)

Gepriesen sei der Gott und Vater unseres Herrn Jesus Christus. Er hat uns mit allem Segen seines Geistes gesegnet durch unsere Gemeinschaft mit Christus im Himmel. Denn in ihm hat er uns erwählt vor der Grundlegung der Welt, damit wir heilig und untadelig leben vor ihm. Er hat uns aus Liebe im Voraus dazu bestimmt, seine Söhne zu werden durch Jesus Christus und zu ihm zu gelangen nach seinem gnädigen Willen, zum Lob seiner herrlichen Gnade. Er hat sie uns geschenkt in seinem geliebten Sohn. In ihm haben wir die Erlösung durch sein Blut, die Vergebung der Sünden nach dem Reichtum seiner Gnade. Der Gott Jesu Christi, unseres Herrn, der Vater der Herrlichkeit, gebe euch den Geist der Weisheit und Offenbarung, damit ihr ihn erkennt. Er erleuchte die Augen eures Herzens, damit ihr versteht, zu welcher Hoffnung ihr durch ihn berufen seid, welchen Reichtum die Herrlichkeit seines Erbes den Heiligen schenkt und wie überragend groß seine Macht sich an uns, den Gläubigen, erweist durch das Wirken seiner Kraft und Stärke.

Alternativen

➲ Aus dem Brief des Apostels Paulus an die Philipper

(Phil 3, 20-21)

(Denn) unsere Heimat ist im Himmel. Von dorther erwarten wir auch Jesus Christus, den Herrn, als Retter, der unseren armseligen Leib verwandeln wird in die Gestalt seines verherrlichten Leibes, in der Kraft, mit der er sich auch alles unterwerfen kann.

oder

➲ Aus dem 2. Brief des Apostels Paulus an die Korinther (2 Kor 5,1.6-10) – vgl. Andacht 3 „Weg“

Kurze Stille

Gebet (im Wechsel)

(nachempfunden Psalm 27)

Der Herr ist mein Heil, mein Retter
Vor wem sollte ich mich fürchten?

Seine Augen sind auf mich gerichtet
an meinen Leben nimmt er Anteil

Liebe, Güte gehen von ihm aus
sein Wohlwollen umhüllt mich wie duftender Weihrauch

Hoffnung und Zuversicht sind auf ihn gerichtet /
ER ist die Kraft meines Lebens, Zuflucht in der Not
Mein innerstes Wesen liegt vor ihm offen
Mein Tun und Lassen sind ihm nicht verborgen
Der Herr zeige mir den Weg des Heiles
und führe mich nach seinem Willen
denn Gnade und Erbarmen sind ihm eigen
die ausgestreckte Hand der Liebe lädt mich ein
zu wohnen einst in seinem Licht
unter seinem Schutz in ewiger Freude
zu schauen seine Herrlichkeit und Macht
mit allen, die Gnade vor ihm finden
Danach sehnt sich mein Herz mit ganzer Kraft /
Wohnung zu finden im Land der Lebenden
Der Herr des Lebens kennt mein Sinnen
Mein Herz muss nicht verzagen
So brauche ich kein Unheil fürchten
dass der Tod mein Leben nimmt
Die Zukunft, Herr, leg ich in deine Hand
Du weißt sie wohl zu fügen
Drum sei dem Einen Gott
Ehre, Lob und Dank in Ewigkeit. Amen.

Mögliche Lieder

GL 380 (7) (8) (9) (10): „Durch dich steht das Himmelstor“
GL 375 (1) (3) (4): „Gelobt seist du, Herr Jesu Christ“

Fürbitten

Lasst uns nun unsere Fürbitten vor Gott bringen:
Herr des Lebens, in deinem Sohn Jesus Christus hast du Anteil genommen am menschlichen Leben; du hast Not, Trauer und Tod mit uns geteilt. Wir bitten dich für ______, die/der aus unserer Welt geschieden ist.

- Nimm ihr/sein Leben an und führe es aus all der Last, Mühe und Sorge, nach Leid und Not des Erdenlebens in die ewige Freude deiner Gegenwart.
  Gott unseres Heils. A: Wir bitten dich, erhöre uns

- Vollende in deiner Güte, was unvollkommen blieb und nimm in deinem Erbarmen alle Schuld hinweg, die dem ewigen Glück noch entgegensteht.
  Gott unseres Heils. A: Wir bitten ...

- Vergilt, was sie/er Gutes getan hat und schenke ihr/ihm für immer Wohnsitz im Reich deines immerwährenden Friedens.
  Gott unseres Heils. A: Wir bitten ...

- Stärke und tröste alle, die um ______ trauern im Glauben an ein Wiedersehen in deinem Licht.
  Gott unseres Heils. A: Wir bitten ...

- Bewahre in uns die Erinnerung an das Fürsorgliche und Liebevolle der gemeinsamen Zeit und heile, was vielleicht noch unbefriedet in uns zurückgeblieben ist.
  Gott unseres Heils. A: Wir bitten ...

- Stärke die Hoffnung aller Glaubenden auf ein unvergängliches Leben bei dir und nimm uns die Angst vor der eigenen Zukunft.
  Gott unseres Heils. A: Wir bitten...

- Führe uns den rechten Weg zum Ziel des Lebens bei dir und lass alle, die hier durch das Band der Liebe verbunden waren, wieder zusammen finden.
  Gott unseres Heils. A: Wir bitten...

- Wir können nun in einer Zeit der Stille an die/den Verstorbene/n denken, an all das, was uns miteinander verbindet.

Guter Gott, dein sind Zeit und Ewigkeit. Du lässt keinen, der auf dich seine Hoffnung setzt, fallen, denn in Jesus Christus sind wir zu deinen Kindern geworden. Als Gott des Lebens willst du uns teilhaben lassen am immerwährenden Heil und Glück.
Wir bitten dich, nimm ______ und einst uns alle in die ewige Gemeinschaft der Gotteskinder bei dir auf. Erbarme dich auch all jener, an die niemand mehr denkt. Amen.

Vaterunser / Gegrüßet seist du, Maria...

Lasst uns nun gemeinsam das Gebet der Kinder Gottes sprechen und darin auch all die unausgesprochenen Bitten, die Sehnsüchte, Ängste und Zweifel, aber auch unsere Hoffnung und Zuversicht hineinlegen: Vater unser im Himmel...

Wir bitten Maria, die Mutter Jesu, um ihre Fürsprache: Gegrüßet seist du, Maria, …

Gebet

Herr, unser Gott, wir sind in diese Welt hineingeboren; in eine Zeit, die niemals stillsteht, in ein Lebensumfeld, dass nicht wählbar war. Wir sind äußeren und inneren Einflüssen und Fremdbestimmung ausgesetzt. Zeige uns den Weg, der zum ewigen Leben führt und nimm uns in deiner Liebe an, wenn sich unser Lebensbogen geneigt hat und wir aus Zeit und Raum heraustreten müssen. Darum bitten wir durch Jesus Christus, unseren Erlöser und Herrn. Amen.

Abschluss/Segensgebet

Zum Abschluss erbitten wir in Anlehnung an den alttestamentlichen Segensspruch aus dem Buch Numeri Gottes Segen für die/den Verstorbene/n und auch für uns selbst: Der Herr segne und behüte uns; er lasse sein Angesicht über uns leuchten und schenke Gnade und Frieden. Er begleite unseren Weg – auch durch den Tod hindurch – und schenke uns sein Heil. Amen.

Mögliche Lieder

GL 423 (1) (3): „Wer unterm Schutz des Höchsten steht“

GL 478 (1) (5): „Ein Haus voll Glorie schauet“

GL 812 *Paderborner Eigenteil* (1) (3): „So nimm den meine Hände“

GL 816 *Paderborner Eigenteil* (1) (2) (5): „Herr gib Frieden dieser Seele“

Herausgerissen, plötzlich und unerwartet

Einführungstext

Generationen kommen und gehen; der Mensch kennt seine Zeit nicht …

Der Wind umkreist die Erde, auch das Wasser der Flüsse findet vom Meer wieder zurück.

Alles ist in steter Bewegung – und doch ist vieles in anderer Weise schon gewesen.

Alles, wofür sich der Mensch unter der Sonne abmüht, ist der Vergänglichkeit unterworfen.
Alles ist wie Windhauch:
Arbeit, Mühe und Erfolg, Sorge und Ärger, Bildung, Glück, und Freude, Besitz und Reichtum.
Für wen wird es schließlich sein, wem nutzen, wenn der Mensch zu Gott zurückkehrt?
frei nach Kohelet

Begrüßung/Einleitung

Mögliche Lieder
GL 145 (1): „Wohin soll ich mich wenden“
GL 504 (1) (2): „Vater im Himmel, höre unser Klagen“

Meditation: „gestern noch ...“
Gestern noch
... sah ich die Welt als Kind,
neugierig, naiv, sorglos und behütet;
... legten erste Schatten sich auf meine Seele,
unbequeme Fragen drängten, Lösung fordernd;
... baute ich mit weitem Blick und Mut die Zukunft,
verantwortlich für Wagnis und auch Fehler;
... band ich liebe Menschen ein ins eigne Leben,
treu sorgen wollend für ihr Glück;
... richtete ich bequem mich ein im Leben,
Sicherheit, Ansehen, Luxus waren hohe Werte;
... ein steter Wechsel, Kommen, Gehen, Altes, Neues, darauf bedacht, die Zukunft sicher einzuplanen;
... Gewohnheit pur im Rhythmus meiner Zeit,
Tag und Nacht, Essen, Trinken – alles wie gewohnt.

Doch heute schon vielleicht
wird all das fernab sein – wie aus andrer Welt.

Nicht mehr sind dann Gestern, Heute oder Morgen.
Eingetaucht werd ich sein ins zeit-los Andere
in neues Sein
in ungeahnte Welten jenseits allen Denkens
unvorstellbar noch – in Gottes Licht

Klaus Harnischmacher

(Weitere passende Texte finden Sie im Anhang, in der Andacht „Und geh mit ihm hinaus“ sowie in dem Buch „Wohin gehst du?“ - Bonifatius Verlag, darin z. B. „Sinnlos“, „Trümmer des Lebens“, „Das andere Ufer“.)

Kurze Stille

Gebet

Guter Gott, du hast den Menschen geschaffen nach deinem Bild, fähig zur Liebe, Abwägung und Entscheidung und ihm den Atem ewigen Lebens mitgegeben. Doch täglich sind wir den Unwägbarkeiten und Einflüssen des Erdenlebens ausgesetzt, all den Risiken für Leib und Seele, den Wechselwirkungen im Zusammenleben mit anderen Menschen. Oft fühlen wir uns hilflos und allein. Schmerz, Ohnmacht und Trauer erfüllen uns, wenn ein geliebter Mensch so unerwartet durch den Tod von uns getrennt wird. Die Vergänglichkeit irdischen Lebens steht uns deutlich vor Augen. Lass uns jedoch im Glauben stets gewiss sein, dass du uns auch in den bitteren Stunden unseres Lebens nahe bist. Darum bitten wir durch deinen Sohn Jesus Christus, der in seinem Menschsein Anteil an unserem Leben genommen hat.
Amen.

Lied

GL 429 (1) (2) (5): „Gott wohnt in einem Lichte“

Lesung aus der Hl. Schrift

➲ aus dem Hl. Evangelium nach Matthäus

(Mt 25,14-21)

(Jesus sagte zu ihnen:)

Es ist wie mit einem Mann, der auf Reisen ging: Er rief seine Diener und vertraute ihnen sein Vermögen an. Dem einen gab er fünf Talente Silbergeld, einem anderen zwei, wieder einem anderen eines, jedem nach seinen Fähigkeiten. Dann reiste er ab. Sofort begann der Diener, der fünf Talente erhalten hatte, mit ihnen zu wirtschaften, und er gewann noch fünf dazu. Ebenso gewann der, der zwei erhalten hatte, noch zwei dazu. Der aber, der das eine Talent erhalten hatte, ging hin und grub ein Loch in die Erde und versteckte das Geld seines Herrn. Nach langer Zeit kehrte der Herr zurück, um von seinen Dienern Rechenschaft zu verlangen. Da kam der, der die fünf Talente erhalten hatte, brachte fünf weitere und sagte: Herr, fünf Talente hast du mir gegeben; sie her, ich habe noch fünf dazugewonnen. Sein Herr sagte zu ihm: Sehr gut, du bist ein tüchtiger und treuer Diener. Du bist im Kleinen ein treuer Verwalter gewesen, ich will dir eine große Aufgabe übertragen. Komm, nimm teil an der Freude deines Herrn!

Alternativen

➲ aus dem 1. Brief des Apostels Paulus an die Korinther

(1 Kor 13,1-3. 8-13)

Wenn ich in den Sprachen der Menschen und Engel redete, hätte aber die Liebe nicht, wäre ich dröhnendes Erz oder eine lärmende Pauke.
Und wenn ich prophetisch reden könnte und Geheimnisse wüsste und alle Erkenntnis hätte; wenn ich alle Glaubenskraft besäße und Berge damit versetzen könnte, hätte aber die Liebe nicht, wäre ich nichts. Und wenn ich meine ganze Habe verschenkte und wenn ich meinen Leib opferte, um mich zu rühmen, hätte aber die Liebe nicht, nützte es mir nichts. Die Liebe hört niemals auf. Prophetisches Reden hat ein Ende, Zungenreden verstummt, Erkenntnis vergeht. Denn Stückwerk ist unser Erkennen, Stückwerk unser prophetisches Reden; wenn aber das Vollendete kommt, vergeht alles Stückwerk. Als ich ein Kind war, redete ich wie ein Kind, dachte wie ein Kind und urteilte wie ein Kind. Als ich ein Mann wurde, legte ich ab, was Kind an mir war. Jetzt schauen wir in einen Spiegel und sehen nur rätselhafte Umrisse, dann aber schauen wir von Angesicht zu Angesicht. Jetzt ist mein Erkennen Stückwerk, dann aber werde ich durch und durch erkennen, so wie ich auch durch und durch erkannt worden bin. Für jetzt bleiben Glaube, Hoffnung, Liebe, diese drei; doch am größten unter ihnen ist die Liebe.

oder

➲ aus dem hl. Evangelium nach Markus

(Mk 13,33-37) – vgl. Andacht „Zeit“

Stille

Das Gehörte können wir nun in einer Zeit der Stille überdenken.

Mögliche Lieder

GL 437 (1) (2) (4): „Meine engen Grenzen"
GL 380 (7) (8) (9) (10): „Durch dich steht das Himmelstor"

Gebet (im Wechsel)

Unerforschlich, Herr sind deine Wege
und deine Gedanken sind fernab den unsrigen

Und doch weißt du um einen Jeden von uns /
Selbst unser Innerstes bleibt dir nicht verborgen

Flüchtiger Windhauch ist des Menschen Leben
vor dir dem ewig Seienden

Und doch sind wir dir nicht einerlei
Du bist uns nah in Freud und Schmerz

Denn wir sind die Deinen
einst beseelt mit ewigem Leben

Zukunft willst du für uns alle sein
Vater deiner Kinder

Dir vertrauen wir in dieser Zeit
dass du uns sicher mögest führen

aus Elend, Sünde, Leid und Tod
in deiner Freude Ewigkeit.

Amen.

Fürbitten

(Ergänzende Bitten in besonderen Situationen finden Sie im Anhang)

Gott, du bist das Leben und der Schöpfer allen Lebens. In deinem Sohn Jesus Christus hast du Anteil genommen an den Höhen und Tiefen menschlichen Seins. In dir dürfen wir auch unsere Zukunft geborgen wissen, selbst wenn unsere Pläne hier durchkreuzt wurden und wir rat- und hilflos sind.

Du kannst alles zum Guten wenden. So beten wir voller Vertrauen für ______:

- Nimm sie/ihn in deiner Barmherzigkeit und Liebe an, tilge alle menschliche Schuld und erfülle die Hoffnung auf ewiges Leben in deinem Licht.

- Heile die Verletzungen der Seele; lass alles, was vielleicht unheil oder unbefriedet geblieben ist, durch deine Hilfe zum Guten gelangen.

- Vergelte all das Gute, dass durch ______ geschehen ist und schenke ihr/ihm Vollendung und Frieden.

- Führe sie/ ihn aus Not, Bedrängnis und Leid, aus der Nacht des Todes zu einem Neuen Tag der Fülle ewigen Glücks der Gotteskinder.

- Tröste alle, die durch den Tod von ______ schmerzvoll betroffen sind, die vielleicht vor neuen, ungeahnten Herausforderungen stehen und lass sie Trost und Hilfe in ihrer Trauer finden.

- Schenke all jenen Kraft und neuen Lebensmut, die erschüttert nach dem Warum fragen, die das Leben als enttäuschend und sinnlos empfinden.

- Sei uns nahe im Schmerz der Trauer, besonders auch denen, welchen vielleicht Worte und Gesten des Abschieds oder einer Aussöhnung versagt blieben.

- Lassen wir nun in einer Zeit der Stille Raum für unsere persönlichen Erinnerungen, Wünsche und Gebete.

- Herr, wir denken auch an all die Anderen, mit denen wir über den Tod hinaus in Liebe verbunden sind: Schenke ihnen die Geborgenheit deines ewigen Friedens und uns einst die Freude des Wiedersehens.

- Unweigerlich wird auch jeder von uns einst die Schwelle des Todes überschreiten. Lass uns die Zeit unseres Erdenlebens in rechter Weise nutzen und in dir unser ewiges Ziel vor Augen haben.

Gott, du Unbegreiflicher, in dir ist Allmacht und Vollkommenheit, Ewigkeit und Liebe. Alles Geschehen liegt dir vor Augen und nichts bleibt verborgen. Du hast uns das irdische Leben gegeben, damit es in dir Erfüllung und Heimat finde. Führe einst wieder zusammen, was durch den Tod getrennt wurde. Tröste uns durch die Gnade der Erkenntnis, zu welcher großartigen Hoffnung wir durch Jesus Christus berufen sind und lenke unsere Schritte auf deinen Wegen. Amen.

Vaterunser / Gegrüßet seist du, Maria

Beten wir nun als Kinder Gottes, so wie Jesus Christus es uns gelehrt hat: Vater unser …
Möge die Gottesmutter Maria unsere Fürsprecherin bei Gott sein: Gegrüßet seist du Maria …

Abschluss/Segensgebet

Zum Abschluss unseres Totengedenkens bitten wir Gott um seinen Segen mit dem Worten des Psalmisten (aus Ps. 121):
„Der Herr behüte dich vor allem Bösen,
er behüte dein Leben.
Der Herr behüte dich,
wenn du fortgehst und wiederkommst,
von nun an bis in Ewigkeit." Amen.

Mögliche Lieder

GL 403 (5) (6): „Solange dieses Leben währt"
GL 143 (3): „Herr, ob den Himmeln thronst du hoch"
GL 816 *Paderborner Eigenteil* (1) (2) (5): „Herr, gib Frieden dieser Seele"

Anhang

Alternative Lesungstexte

➲ **Lesung** aus dem Evangelium nach Matthäus
(Mt 3,1-12) Im Advent

In jenen Tagen trat Johannes der Täufer auf und verkündete in der Wüste von Judäa: Kehrt um! Denn das Himmelreich ist nahe. Er war es, von dem der Prophet Jesaja gesagt hat:
Stimme eines Rufers in der Wüste:
Bereitet den Weg des Herrn!
Macht gerade seine Straßen!
Johannes trug ein Gewand aus Kamelhaaren und einen ledernen Gürtel um seine Hüften; Heuschrecken und wilder Honig waren seine Nahrung. Die Leute von Jerusalem und ganz Judäa und aus der ganzen Jordangegend zogen zu ihm hinaus; sie bekannten ihre Sünden und ließen sich im Jordan von ihm taufen. Als Johannes sah, dass viele Pharisäer und Sadduzäer zur Taufe kamen, sagte er zu ihnen: Ihr Schlangenbrut, wer hat euch denn gelehrt, dass ihr dem kommenden Zorngericht entrinnen könnt? Bringt Frucht hervor, die eure Umkehr zeigt, und meint nicht, ihr könntet sagen: Wir haben Abraham zum Vater. Denn ich sage euch: Gott kann aus diesen Steinen dem Abraham Kinder erwecken. Schon ist die Axt an die Wurzel der Bäume gelegt; jeder Baum, der keine gute Frucht hervorbringt, wird umgehauen und ins Feuer geworfen. Ich taufe euch mit Wasser zur Umkehr. Der aber, der nach mir kommt, ist stärker als ich und ich bin es nicht wert, ihm die Sandalen auszuziehen.

Er wird euch mit dem Heiligen Geist und mit Feuer taufen. Schon hält er die Schaufel in der Hand; und er wird seine Tenne reinigen und den Weizen in seine Scheune sammeln; die Spreu aber wird er in nie erlöschendem Feuer verbrennen.

➲ **Lesung** aus dem Evangelium nach Lukas
(Lk 12,13-21)

Einer aus der Volksmenge bat Jesus: Meister, sag meinem Bruder, er soll das Erbe mit mir teilen! Er erwiderte ihm: Mensch, wer hat mich zum Richter oder Erbteiler bei euch eingesetzt? Dann sagte er zu den Leuten: Gebt Acht, hütet euch vor jeder Art von Habgier! Denn das Lebens eines Menschen besteht nicht darin, dass einer im Überfluss seines Besitzes lebt. Und er erzählte ihnen folgendes Gleichnis: Auf den Feldern eines reichen Mannes stand eine gute Ernte. Da überlegte er bei sich selbst: Was soll ich tun? Ich habe keinen Platz, wo ich meine Ernte unterbringen könnte. Schließlich sagte er: So will ich es machen: Ich werde meine Scheunen abreißen und größere bauen; dort werde ich mein ganzes Getreide und meine Vorräte unterbringen. Dann werde ich zu meiner Seele sagen: Seele, nun hast du einen großen Vorrat, der für viele Jahre reicht. Ruh dich aus, iss und trink und freue dich! Da sprach Gott zu ihm: Du Narr! Noch in dieser Nacht wird man dein Leben von dir zurückfordern. Wem wird dann das gehören, was du angehäuft hast?
So geht es einem, der nur für sich selbst Schätze sammelt, aber bei Gott nicht reich ist.

➲ **Lesung** aus dem Evangelium nach Lukas
(Lk 13,6-9)

Und er erzählte ihnen dieses Gleichnis: Ein Mann hatte in seinem Weinberg einen Feigenbaum gepflanzt; und als er kam und nachsah, ob er Früchte trug, fand er keine. Da sagte er zu seinem Winzer: Siehe, jetzt komme ich schon drei Jahre und sehe nach, ob dieser Feigenbaum Früchte trägt, und ich finde nichts. Hau ihn um! Was soll er weiter dem Boden seine Kraft nehmen? Der Winzer erwiderte: Herr, lass ihn dieses Jahr noch stehen; ich will den Boden um ihn herum aufgraben und düngen. Vielleicht trägt er in Zukunft Früchte; wenn nicht, dann lass ihn umhauen!

➲ **Lesung** aus dem Evangelium nach Lukas
(Lk 20,27-39)

Von den Sadduzäern, die bestreiten, dass es eine Auferstehung gibt, kamen einige zu Jesus und fragten ihn: Meister, Mose hat uns vorgeschrieben: Wenn ein Mann, der einen Bruder hat, stirbt und eine Frau hinterlässt, ohne Kinder zu haben, dann soll sein Bruder die Frau nehmen und seinem Bruder Nachkommen verschaffen. Nun lebten einmal sieben Brüder. Der erste nahm sich eine Frau, starb aber kinderlos. Da nahm sie der zweite, danach der dritte, und ebenso die anderen bis zum siebten; sie alle hinterließen keine Kinder, als sie starben. Schließlich starb auch die Frau. Wessen Frau wird sie nun bei der Auferstehung sein? Alle sieben haben sie doch zur Frau gehabt. Da sagte Jesus zu ihnen: Die Kinder dieser Welt heiraten und lassen sich heiraten. Die aber, die gewürdigt werden, an jener Welt und an der Auferstehung von den Toten teilzuhaben, heiraten nicht, noch lassen sie sich heiraten. Denn sie können auch nicht mehr sterben, weil sie den Engeln gleich und als Kinder der Auferstehung zu Kindern Gottes geworden sind. Dass aber die Toten auferstehen, hat schon Mose in der Geschichte vom Dornbusch angedeutet, in der er *den Herrn den Gott Abrahams, den Gott Isaaks und den Gott Jakobs* nennt. Er ist doch kein Gott von Toten, sondern von Lebenden; denn für ihn leben sie alle. Da sagten einige Schriftgelehrte: Meister, du hast gut geantwortet.

➲ **Lesung** aus dem Evangelium nach Johannes
(Joh 6,37-40)

Alles, was der Vater mir gibt, wird zu mir kommen, und wer zu mir kommt, den werde ich nicht abweisen; denn ich bin nicht vom Himmel herabgekommen, um meinen Willen zu tun, sondern den Willen dessen, der mich gesandt hat. Das aber ist der Wille dessen, der mich gesandt hat, dass ich keinen von denen, die er mir gegeben hat, zugrunde gehen lasse, sondern dass ich sie auferwecke am Jüngsten Tag. Denn das ist der Wille meines Vaters, dass jeder, der den Sohn sieht und an ihn glaubt, das ewige Leben hat und dass ich ihn auferwecke am Jüngsten Tag.

➲ **Lesung** aus dem Evangelium nach Johannes
(Joh 11,1. 3-4.6-7.11-15. 17-27)

Ein Mann war krank, Lazarus aus Betanien, dem Dorf der Maria und ihrer Schwester Marta. Daher sandten die Schwestern Jesus die Nachricht: Herr, sieh: Der, den du liebst, er ist krank. Als Jesus das hörte, sagte er: Diese Krankheit führt nicht zum Tod, sondern dient der Verherrlichung Gottes. Durch sie soll der Sohn Gottes verherrlicht werden .. Als er hörte, dass Lazarus krank war, blieb er noch zwei Tage an dem Ort, wo er sich aufhielt. Danach sagte er zu den Jüngern: Lasst uns wieder nach Judäa gehen … Lazarus, unser Freund, schläft; aber ich gehe hin, um ihn aufzuwecken. Da sagten die Jünger zu ihm: Herr, wenn er schläft, dann wird er gesund werden. Jesus hatte aber von seinem Tod gesprochen, während sie meinten, er spreche von dem gewöhnlichen Schlaf. Darauf sagte ihnen Jesus unverhüllt: Lazarus ist gestorben. Und ich freue mich für euch, dass ich nicht dort war; denn ich will, dass ihr glaubt. Doch wir wollen zu ihm gehen …

Als Jesus ankam, fand er Lazarus schon vier Tage im Grab liegen. Betanien war nahe bei Jerusalem, etwa fünfzehn Stadien entfernt. Viele Juden waren zu Marta und Maria gekommen, um sie wegen ihres Bruders zu trösten. Als Marta hörte, dass Jesus komme, ging sie ihm entgegen, Maria aber blieb im Haus sitzen. Marta sagt zu Jesus: Herr, wärst du hier gewesen, dann wäre mein Bruder nicht gestorben. Aber auch jetzt weiß ich: Alles, worum du Gott bittest, wird Gott dir geben. Jesus sagt zu ihr: Dein Bruder wird auferstehen. Marta sagte zu ihm: Ich weiß, dass er auferstehen wird bei der Auferstehung am Jüngsten Tag. Jesus sagte zu ihr: Ich bin die Auferstehung und das Leben. Wer an mich glaubt, wird leben, auch wenn er stirbt, und jeder, der lebt und an mich glaubt, wird auf ewig nicht sterben. Glaubst du das? Marta sagte zu ihm: Ja, Herr, ich glaube, dass du der Christus bist, der Sohn Gottes, der in die Welt kommen soll.

➲ **Lesung** aus dem Brief des Apostels Paulus an die Römer (Röm 5, 1-2. 8-11)

Gerecht gemacht also aus Glauben, haben wir Frieden mit Gott durch Jesus Christus, unseren Herrn. Durch ihn haben wir auch im Glauben den Zugang zu der Gnade erhalten, in der wir stehen, und rühmen uns der Hoffnung auf die Herrlichkeit Gottes ... Gott aber erweist seine Liebe zu uns darin, dass Christus für uns gestorben ist, als wir noch Sünder waren. Nachdem wir jetzt durch sein Blut gerecht gemacht sind, werden wir durch ihn erst recht vor dem Zorn gerettet werden. Da wir mit Gott versöhnt wurden durch den Tod seines Sohnes, als wir noch Gottes Feinde waren, werden wir erst recht, nachdem wir versöhnt sind, gerettet werden durch sein Leben. Mehr noch, ebenso rühmen wir uns Gottes durch Jesus Christus, unseren Herrn, durch den wir jetzt schon die Versöhnung empfangen haben.

➲ **Lesung** aus dem Brief des Apostels Paulus an die Römer (Röm 6, 3-9)

Wisst ihr denn nicht, dass wir, die wir auf Christus Jesus getauft wurden, auf seinen Tod getauft worden sind? Wir wurden ja mit ihm begraben durch die Taufe auf den Tod, damit auch wir, so wie Christus durch die Herrlichkeit des Vaters von den Toten auferweckt wurde, in der Wirklichkeit des neuen Lebens wandeln. Wenn wir nämlich mit der Gestalt seines Todes verbunden wurden, dann werden wir es auch mit der seiner Auferstehung sein. Wir wissen doch: Unser alter Mensch wurde mitgekreuzigt, damit der von der Sünde beherrschte Leib vernichtet werde, sodass wir nicht mehr Sklaven der Sünde sind. Denn wer gestorben ist, der ist frei geworden von der Sünde. Sind wir nun mit Christus gestorben, so glauben wir, dass wir auch mit ihm leben werden. Wir wissen, dass Christus, von den Toten auferweckt, nicht mehr stirbt; der Tod hat keine Macht mehr über ihn.

➲ **Lesung** aus dem 1. Brief des Apostels Paulus an die Korinther

(1 Kor 15,12-13. 17-22)

Wenn aber verkündet wird, dass Christus von den Toten auferweckt worden ist, wie können dann einige von euch sagen: Eine Auferstehung der Toten gibt es nicht? Wenn es keine Auferstehung der Toten gibt, ist auch Christus nicht auferweckt worden. Wenn aber Christus nicht auferweckt worden ist, dann ist euer Glaube nutzlos, und ihr seid immer noch in euren Sünden; und auch die in Christus Entschlafenen sind dann verloren. Wenn wir allein für dieses Leben unsere Hoffnung auf Christus gesetzt haben, sind wir erbärmlicher daran als alle anderen Menschen. Nun aber *ist* Christus von den Toten auferweckt worden als der Erste der Entschlafenen. Da nämlich durch *einen* Menschen der Tod gekommen ist, kommt durch *einen* Menschen auch die Auferstehung der Toten. Denn wie in Adam alle sterben, so werden in Christus alle lebendig gemacht werden.

➲ **Lesung** aus dem 1. Brief des Apostels Paulus an die Korinther
(1 Kor 15,35-38. 42-44 a.50-55.57-58)

Nun könnte einer fragen: Wie werden die Toten auferweckt, was für einen Leib werden sie haben? Du Tor! Auch das, was du säst, wird nicht lebendig, wenn es nicht stirbt. Und was du säst, ist noch nicht der Leib, der entstehen wird; es ist nur ein nacktes Samenkorn, zum Beispiel ein Weizenkorn oder ein anderes. Gott gibt ihm den Leib, den er vorgesehen hat, und zwar jedem Samen einen eigenen Leib. So ist es auch mit der Auferstehung der Toten. Was gesät wird, ist verweslich, was auferweckt wird, unverweslich. Was gesät wird, ist armselig, was auferweckt wird, herrlich. Was gesät wird, ist schwach, was auferweckt wird, ist stark. Gesät wird ein irdischer Leib, auferweckt ein überirdischer Leib. Damit will ich sagen, Brüder und Schwestern: Fleisch und Blut können das Reich Gottes nicht erben; das Verwesliche erbt nicht das Unverwesliche. Seht, ich enthülle euch ein Geheimnis: Wir werden nicht alle entschlafen, aber wir werden alle verwandelt werden – plötzlich, in einem Augenblick, beim letzten Posaunenschall. Die Posaune wird erschallen, die Toten werden als Unverwesliche auferweckt, wir aber werden verwandelt werden. Denn dieses Verwesliche muss sich mit Unverweslichkeit bekleiden und dieses Sterbliche mit Unsterblichkeit. Wenn sich aber dieses Verwesliche mit Unverweslichkeit bekleidet und dieses Sterbliche mit Unsterblichkeit, dann erfüllt sich das Wort der Schrift: *Verschlungen ist der Tod vom Sieg. Tod, wo ist dein Sieg? Tod, wo ist dein Stachel?* Gott aber sei Dank, der uns den Sieg geschenkt hat durch unseren Herrn Jesus

Christus. Daher, meine geliebten Brüder und Schwestern, seid standhaft und unerschütterlich, seid stets voll Eifer im Werk des Herrn und denkt daran, dass im Herrn eure Mühe nicht vergeblich ist!

➲ **Lesung** aus dem Brief des Apostels Paulus an Titus
(Tit 2,11-14; 3,4-7)

Denn die Gnade Gottes ist erschienen, um alle Menschen zu retten. Sie erzieht uns dazu, uns von der Gottlosigkeit und den irdischen Begierden loszusagen und besonnen, gerecht und fromm in dieser Welt zu leben, während wir auf die selige Erfüllung unserer Hoffnung warten: auf das Erscheinen der Herrlichkeit unseres großen Gottes und Retters Christus Jesus. Er hat sich für uns hingegeben, damit er uns von aller Ungerechtigkeit erlöse und für sich ein auserlesenes Volk schaffe, das voll Eifer danach strebt, das Gute zu tun. Als aber die Güte und Menschenfreundlichkeit Gottes, unseres Retters, erschien, hat er uns gerettet – nicht aufgrund von Werken der Gerechtigkeit, die wir vollbracht haben, sondern nach seinem Erbarmen – durch das Bad der Wiedergeburt und die Erneuerung im Heiligen Geist. Ihn hat er in reichem Maß über uns ausgegossen durch Jesus Christus, unseren Retter, damit wir durch seine Gnade gerecht gemacht werden und das ewige Leben erben, das wir erhoffen.

➲ **Lesung** aus der Geheimen Offenbarung des Johannes (Offb 7,9 -17)

Danach sah ich und siehe, eine große Schar aus allen Nationen und Stämmen, Völkern und Sprachen; niemand konnte sie zählen. Sie standen vor dem Thron und vor dem Lamm, gekleidet in weiße Gewänder, und trugen Palmzweige in den Händen. Sie riefen mit lauter Stimme und sprachen: Die Rettung kommt von unserem Gott, der auf dem Thron sitzt, und von dem Lamm. Und alle Engel standen rings um den Thron, um die Ältesten und die vier Lebewesen. Sie warfen sich vor dem Thron auf ihr Angesicht nieder, beteten Gott an und sprachen: Amen, Lob und Herrlichkeit, Weisheit und Dank, Ehre und Macht und Stärke unserem Gott in alle Ewigkeit. Amen. Da nahm einer der Ältesten das Wort und sagte zu mir: Wer sind diese, die weiße Gewänder tragen, und woher sind sie gekommen? Ich erwiderte ihm: Mein Herr, du weißt das. Und er sagte zu mir: Dies sind jene, die aus der großen Bedrängnis kommen; sie haben ihre Gewänder gewaschen und im Blut des Lammes weiß gemacht. Deshalb stehen sie vor dem Thron Gottes und dienen ihm bei Tag und Nacht in seinem Tempel; und der, der auf dem Thron sitzt, wird sein Zelt über ihnen aufschlagen. *Sie werden keinen Hunger und keinen Durst mehr leiden und weder Sonnenglut noch irgendeine sengende Hitze wird auf ihnen lasten.* Denn das Lamm in der Mitte vor dem Thron wird sie weiden und zu den Quellen führen, aus denen das Wasser des Lebens strömt, *und Gott wird alle Tränen von ihren Augen abwischen.*

Gesätze des Rosenkranzes

1 … den du in gläubiger Bereitschaft vom Hl. Geist empfangen und für uns geboren hast
2 … der als Freund und Bruder mit uns gelebt hat
3 … der sein Leben für uns dahingab, um uns die Fülle ewigen Lebens zu erwerben
4 … der als Erster von den Toten erstanden ist
5 … der uns den Beistand seines Geistes verheißen hat
6 … der mit uns auf dem Lebensweg ist und dem wir vertrauen dürfen
7 … der uns einlädt in sein Reich der Liebe und des Friedens
8 … dessen Herrlichkeit und Macht einst für alle offenbar wird
9 … vor dessen Angesicht ein jeder von uns einst Rechenschaft über sein Leben ablegen wird
10 … der allein unser Heil und unsere Zukunft ist

Ehre sei dem Vater …

Zusätzliche Fürbitten

In besonderen Situationen

Sei du all jenen besonders nahe, die einsam und ohne menschlichen Beistand sterben müssen.

Erbarme dich all derer, die unvorbereitet durch Unfall, Katastrophe oder kriminelle Gewalt sterben müssen und auch ihrer Angehörigen, denen sie so plötzlich entrissen wurden.

Sei denen besonders nahe, deren Glaube an deine Liebe und Menschenfreundlichkeit durch den unbegreiflichen Tod eines lieben Menschen erschüttert wurde.

Für alle, die viel zu früh aus dem Leben scheiden mussten, deren Lebensplanung, Wünsche und Hoffnungen druch den Tod vernichtet wurden. Schenke ihnen die Vollendung bei dir. Hilf den Angehörigen, denen _______ für immer fehlen wird. Lass sie Menschen finden, die ihre Trauer verstehen und ihnen helfend zur Seite stehen.

Für alle, die nach Antworten suchen, die sich verlieren in stetem Nachsinnen der Ursachen, die nicht begreifbar sind.

Für alle, die vom Tod plötzlich überrascht werden, denen keine Zeit gegeben ist, Abschied zu nehmen und Wichtiges zu regeln.

Für alle, die einen langen und qualvollen Tod erleiden und die ihn als Pflegende und Angehörige miterleben müssen, dass sie in ihrer Not und Ausweglosigkeit nicht verzweifeln.

Für alle, die meinen, alles sei so, wie es geschieht, Gottes Wille: Lass sie erkennen, dass Menschen ihren Weg letztlich selbst bestimmen.

Steh den Eltern bei, die fassungslos und voller Schmerz vor den Trümmern ihrer Hoffnung und ihrer Erwartungen stehen, die erkennen müssen, dass der Tod ihnen das Liebste entrissen hat und keine Reihenfolge des Alters kennt:
Lass sie in ihrem Schmerz nicht ohnmächtig verharren und tröste sie im Glauben an ein Wiedersehen.
Lass sie mit ihrem Kind nicht auch die eigene Zukunft begraben und den Glauben an deine Liebe nicht verlieren.
Hilf auch den Geschwistern und Freunden, über den Verlust hinwegzukommen.

Gott, fassungslos, ohnmächtig und ohne Verstehen müssen wir Abschied nehmen von ______.
Auf die Frage, warum sie/er von uns gegangen ist, fehlen uns die richtigen Antworten.
Uns bleibt die Bitte: Nimm sie/ihn in deinem Erbarmen auf in den ewigen Frieden.

Wir bitten für alle Opfer von Gewalt und Terror, Krieg, Flucht und Vertreibung, Elend, Hunger und Katastrophen: lass sie bei dir Geborgenheit, Frieden und ewige Heimat finden.

Halte deine schützende Hand über die Kinder, die ihre Eltern (ihre Mutter/ihren Vater) schmerzlich vermissen. Lass sie Geborgenheit, Schutz, Verständnis und Hilfe erfahren und liebevolle Begleitung für ihr weiteres Leben finden.

Umarme und tröste alle, die voller Schmerz Abschied von einer geliebten Schwester/einem geliebten Bruder, von einer guten Freundin/einem guten Freund nehmen müssen. Lass sie und uns alle im Glauben erkennen, dass der Tod ihr/sein Leben nicht endgültig vernichtet hat, sondern ihr/ihm nun in dir eine neue, ewige Heimat bereitet ist, in der wir ein Wiedersehen erwarten.

Adventszeit

Einleitung: Wir vertrauen unsere/n Schwester/Bruder _______ der Liebe Gottes an. Jesus ist einst durch seine Ankunft als Mensch unser aller Bruder geworden. Indem er den menschlichen Weg, auch den des Leides, der Schmerzen, der Angst und letztlich auch des Todes mit uns gegangen ist, hat er uns den Weg zum ewigen Heil eröffnet.

Weihnachtszeit

Einleitung: Gott, du hast in Jesus Christus für uns ein menschliches Gesicht bekommen. Er ist unser Bruder geworden, damit wir Kinder Gottes werden.

Oder

Lasst uns beten zu Gott, dessen Güte und Menschenfreundlichkeit uns in Jesus Christus begegnet ist:

Karnevalszeit

Weite unseren Blick über die irdischen Freuden und Ablenkungen hinaus und schenke uns einst das unvergängliche Glück bei dir.

Fastenzeit

Einleitung: Lasst uns beten zu Gott, der in Jesus Not und Tod mit uns geteilt hat:

Führe unsere/n Verstorbene/n _______ durch das Leiden und Sterben Jesu zur Freude des ewigen Lebens.

Osterzeit

Einleitung: Lasst uns beten zu Gott, unserem Herrn, der uns in der Auferstehung Jesu ein Zeichen des neuen Lebens geschenkt hat.

- Stärke alle, die um die/den Verstorbene/n trauern, im Glauben an die Auferstehung zum ewigen Leben

Gebete

„Nie aufhörendes Leben“

(als Wechselgebet)

Herr, allmächtiger, ewiger Gott,
du bringst mich im Glauben an Jesus Christus

aus der Finsternis ins Licht
    aus der Sorge in deine Fürsorge
aus den Tränen in die ewige Freude
    aus der Alltagshetze in deine Ruhe
aus der Angst in deine Geborgenheit
    aus dem Zweifel in die Gewissheit
aus der Sünde in die Vergebung
    aus der Gebundenheit in die Freiheit
aus dem Streit in deinen Frieden
    aus dem Kampf in deinen Sieg
aus dem Hass in deine Liebe
    aus dem Lärm in die Stille
aus dem Zufall in deinen Plan
    aus der Armut in deinen Reichtum
aus der Wüste in blühendes Land
    aus der Erschöpfung in die Erquickung
aus der Einsamkeit in deine Gemeinschaft
    aus der Verzweiflung in die Zuversicht
aus der Mutlosigkeit in frohen Mut
    aus der Leichtsinnigkeit in Bedächtigkeit
aus der Lüge in die Wahrheit
    aus der Abneigung in die Zuneigung
aus dem Misstrauen in völliges Vertrauen

aus der Bedrängnis in weiten Raum
aus der Unwissenheit in Erkenntnis
aus dem Nebel in Sonnenschein
aus der Undankbarkeit in die Dankbarkeit
aus der Anmaßung in die Bescheidenheit
aus der Unzufriedenheit in die Zufriedenheit
aus der Rastlosigkeit in die Beständigkeit
aus dem Tod in dein nie aufhörendes Leben.

Marianne Kawohl

Gott, zu Dir rufe ich
In mir ist es finster,
aber bei dir ist das Licht.
Ich bin einsam,
aber du verlässt mich nicht.
Ich bin kleinmütig,
aber bei dir ist Hilfe.
Ich bin unruhig,
aber bei dir ist der Friede
In mir ist Bitterkeit,
aber bei dir ist die Geduld.
Ich verstehe deine Wege nicht,
aber du weißt den Weg für mich.

Dietrich Bonhoeffer

Texte zur stillen Betrachtung

Ewigkeit des Himmels

Neues Bewusst-Sein
Erkenntnis ohne Schleier und Zweifel
Nichts ist vorläufig,
kein Augenblick, der vorübergeht
Nicht mehr gelten Schwerkraft,
Raum und Zeit, Tag und Nacht
Kein Ziel, keine Pläne
Kein Streben, Bemühen, Kämpfen und Wehren
Keine Enttäuschung, Sorgen, Ängste, Zwänge, Pflichten
Weder Not noch Schmerz
Keine Schuld; Böses hat keinen Platz mehr
Ewiger Jubel und Dank,
ungetrübte überströmende Freude
Heimat für immer
Alles ist Fülle, alles gut – wunschloses Glück
Ruhe in sich selbst – Sinnerfüllung und Frieden
in Gott
Immerwährende Gegenwart in Vollkommenheit
Gott allein ist genug
Unvorstellbar – aber
Hoffnung und Ziel meines Weges

Klaus Harnischmacher

Der Weg

Einst schien der Tage Reihe endlos
ein Schlusspunkt unsichtbar und fern
Das Ende meines Lebensbogens
der Wahrnehmung weit entzogen

Unmerklich schiebt und drängt die Zeit
mich täglich weiter – Stück für Stück
Hin zu einem Ende – gnadenlos
unausweichlich und endgültig

Immer öfter geht der Blick zurück
Vergangenheit lebt auf,
Freud und Leid, in Geistes Tiefen wohl bewahrt
Wo blieb die Zeit

Was war richtig, was falsch
Was wäre wenn ...
Welche Spuren habe ich gelegt
Was hinterlasse ich

Nicht immer war es leicht, das Leben
Enttäuschung und Verluste wiegen schwer
Grausam kann des Schicksals Laune sein
manche Narben bleiben schmerzlich in der Seele

Immer näher rückt die graue Wand des Schleiers
Wie wird es sein, in sie hinein zu tauchen
Ganz allein
Zurückzulassen alles, was mir lieb und wert

Glaube, Hoffen, Angst und Zuversicht
Hilflosigkeit im Angesicht des Todes
Was kommt danach
Ist es das Nichts, aus dem wir einst gekommen?

Doch geschaffen sind wir nach dem Bilde dessen
der unfassbar immer war und bleibt
So liegt in uns der Kern des Lebens
das einzigartig, unzerstörbar, ewig ist

Es gilt des Glaubens Zuversicht
dass unsre Augen sich aufs Neue öffnen
in einer Welt voll Glanz und Licht
und wir uns ewig freuen dürfen

Klaus Harnischmacher

Trauer

Des Menschen Hülle liegt
verlassen, unbeseelt
Tod und Leere auch in mir ... War das alles?
Schwer lastet Endgültig-Unabänderliches

Starre Augen gehen weit ins Leere
Kalt und steif die Hand
die Nähe fortgenommen
Schauder und Entsetzen tief in mir

Festhalten wollen – und nicht können
Schrei aus tiefster Seele; Macht-Los
Ungekannter Schmerz durchwühlt die Seele

Tränen suchen sich den Weg – was nun?

Jäh herausgerissen bin ich
aus gewohntem Jetzt und Hier
dem Schlaf der Sicherheit
den steten Wandel gern verdrängend

Ungesagtes, vertane Chancen
Zeit, die nicht geschenkt
Ohren, die nicht offen waren
trüben nun mein Herz – ja, hätt' ich doch …

Worte klingen nach, wie grade erst gesprochen
Dinge haben plötzlich andren Wert
Das Bild im Rahmen lächelt
zumindest mir ganz heimlich zu

Mit dem Verlust gilt es zu leben
doch im Herzen ist noch alles wach
Bilder eines Lebens, Liebe, Freude, Leid und Last
begleiten mich noch lange

Ein Menschenleben – blieben Spuren nur?
Im Ende lag schon Neues
Dem trauernd' Auge zwar verborgen
doch tröstlich in des Glaubens Zuversicht

Gefühle, Grüße gehen „nach drüben"
ins ferne Land – mir noch verschlossen
Das Band der Liebe – einz'ge Brücke
die den Weg hinüber wagt

Unaufhaltsam schiebt die Zeit auch mich
ans Ende meiner Tage
Gibt es ein Wiedersehn?
Hoffende Freude liegt in mir ...
Trotz meiner Furcht

Klaus Harnischmacher

Vertrauen

Gesundheit und Kranksein, Gewinn, Verlust
Sieg und Niederlage, Friede und Unrecht
Erfolg und Misserfolg
Angst, Mut, Hoffnung, Trauer und Lebensfreude
Trostlosigkeit, Enttäuschung und Bitterkeit
gehören zur Lebenserfahrung
und können sich sehr nahe sein

Lachen und Weinen, Hass und Liebe
Glaube und Zweifel
Wahrheit, Irrtum und Lüge
Stärke, Schwäche, Spiel und Ernst
Lichtpunkte des Guten und Abgründe des Bösen
sind in derselben Brust
Gegensätze prallen aufeinander

Was auch geschieht, gleich ist es schon Vergangenheit
Was man fest zu besitzen glaubt
kann bald entgleiten, jäh entrissen werden
Was jetzt noch wichtig, überragend ist
kann schnell den Stellenwert verlieren
Die eigne Zukunft, undurchdringlich ist sie, schleierhaft

Leben und Tod, Schicksal oder Bestimmung?
Lohnt sich all das Kämpfen, Leiden, Streben?
Gibt es Sinn, den Horizont zu überschreiten
wenn alles hier zu Ende geht
nach Abbruch, Abschied und Zerstörung klingt?
Wer glaubt, dem ist ein Licht gegeben,
Zuversicht und Stärke
hinauszugehen im Vertrauen
dass Gottes Hand ihn niemals fallen lässt

Klaus Harnischmacher

Aus der Mitte des Lebens ...

Ein Tag wie immer – Routine eines Lebens
Der flüchtige Abschied kennt nicht Endgültigkeit
Den Alltagssorgen gilt das Denken
Die Zukunftsplanung sieht ein Ende nicht
Allein die Gegenwart bestimmt das Leben ...

Ein Abgrund hat sich aufgetan, noch tief versteckt
Getarnt in Lebenslust, Geschäftigkeit und Pflichten
Dass die eigne Zeit so bald schon aufgehoben
so unerwartet schnell und streng
ist in der Ahnungslosigkeit verborgen

Leben und Tod, so eng sind sie verwoben
ein jeder Tag könnt' schon der letzte sein
Und dann, ein letzter Atemzug, so unerwartet ...
Des Herzens ungezählte Schläge sind geendet
der Lebens-Motor plötzlich abgestellt

Bestürzung, Unverständnis und Entsetzen
der Tod war mitten unter uns
Dem Augenschein ist dies das Ende
allein der Glaube sieht darüber weit hinaus
schenkt Zuversicht und Hoffnung

Es bleibt zurück ein liebendes Gedenken
an gute Zeiten der Gemeinsamkeit
Erinnerung verblasst in Nebeln der Vergangenheit
Nur eines hat Bestand
das Leben nach dem Tod – unfassbar noch ...

Klaus Harnischmacher

Aus dieser Zeit

Wenn ich aus dieser Zeit getrieben
mein irdisch' Auge einst hier bricht
dann nimm mich, Gott in deinen Frieden
und schenke mir dein ew'ges Licht

Klaus Harnischmacher

So spricht der Herr: **Fürchte dich nicht**, denn ich habe dich ausgelöst, ich habe dich beim Namen gerufen, du gehörst mir.

(Jes 43,1)

Selig die Toten, die im Herrn sterben,
von jetzt an; ja, spricht der Geist, sie sollen ausruhen von ihren Mühen; denn ihre Werke begleiten sie.

(Offb 14,13)

Der Tod ist nur einen Augenblick.

Alles ist gut./ Nichts Wesentliches vergeht.
Leben beginnt,/ nur besser,
unendlich glücklicher / und für immer.
Wir werden heil sein in göttlicher Liebe.

Quelle unbekannt

Unsere Zeit

Für jemanden, der gehen muss, ist die Zeit abgelaufen – und niemand kann sie rückgängig machen. Unter einem solchen Eindruck eröffnet sich die Chance, Zeit -und was man mit ihr anfängt – neu zu bewerten. Als Glaubende wissen wir uns in der Hand eines gütigen Schöpfers geborgen, der unser Leben trägt – und der auch die Zeit geschaffen hat. Unsere Zeit, so glaube ich, ist Teil der Ewigkeit, die für jeden Menschen mit dem Beginn des Lebens auf dieser Erde, dem Heraustreten aus dem Nichts, begonnen hat. Der, welcher uns das Leben geschenkt hat, hat uns zugleich zu ewigem Leben berufen. Er überlässt uns nicht endgültig der Zeit mit all ihren Unzulänglichkeiten und letztlich ihrem Ablauf. Er lässt vielmehr eines Tages jeden von uns aus ihr heraustreten, um an seiner unendlichen Freude teilhaben zu können. Dann wird sich unsere Trauer in Jubel und Glück verwandeln. So dürfen wir trotz aller Trauer voller Hoffnung und Zuversicht nach vorn blicken.

Klaus Harnischmacher

Brücken

Sie bezwingen Hindernisse und Tiefen,
sind Verbindungen und Übergang.
Sie sind erbaut und können zerstört werden,
werden gestützt durch Pfeiler und Fundamente;
und sind dennoch gefährdet.
Sie können geringe oder große Bedeutung haben,
können Ängste auslösen oder Hoffnungen wecken.

Es gibt Brücken
des Verstehens, der Liebe,
von Herz zu Herz,
zwischen Partnern und Gleichgesinnten.
Brücken, die durch eine ausgestreckte und ergriffene Hand gebaut sind,
Brücken der Toleranz,
Brücken der Verbundenheit und Treue.

Es gibt eine Brücke,
die Welten verbindet,
auf der man nicht zurückkehren kann,
die Brücke in eine andere Dimension,
die Zeit und Ewigkeit, Diesseits und Jenseits verbindet.
Sie hat einen gestrengen Wächter, den Tod:
wer über sie geht, muss ihm seinen Leib überlassen.

Es gibt noch eine „Brücke in die andere Welt“:
die Brücke der Erinnerung,
die Brücke der Liebe und Dankbarkeit,
die Brücke der Sehnsucht.
Das Herz schlägt sie –

aber man kann nicht wirklich hinüber.
Wir müssen warten, bis wir selbst
an der „Brücke ohne Wiederkehr“ angelangt sind.
Klaus Harnischmacher

Vergiss die Träume nicht …

wenn die Nacht
wieder über dich hereinbricht
und die Dunkelheit
dich wieder gefangen zu nehmen droht.
Deine Träume und deine Sehnsüchte
tragen Bilder der Hoffnung in sich.
Deine Seele weiß,
dass in der Tiefe Heilung schlummert
und bald in dir
ein neuer Tag erwacht.

Ich wünsche dir,
dass du die Zeiten der Einsamkeit
nicht als versäumtes Leben erfährst,
sondern dass du beim Hineinhorchen
in dich selbst
noch Unerschlossenes in dir entdeckst.

Ich wünsche dir,
dass dich all das Schmerzliche
in deinem Leben nicht erdrückt,
sondern dass du dankbar sein kannst
für das, was an Schönem gelingt.

Ich wünsche dir,
dass alle deine Traurigkeit
nicht vergeblich ist,
sondern dass du aus der Berührung
mit deinen Tiefen
auch Freude
wieder neu erleben kannst.

Irischer Segenswunsch

Unter all die Sterne

Unter all die Sterne schrieb der Herr den Namen von dir;
unter all die Sterne, ihm ganz nah und weit von hier.
Unter all die Sterne hat der Herr dein Leben gestellt;
unter all die Sterne, ihm ganz nah am Himmelszelt.

Die Nacht, als in dem Herrn der Wunsch nach dir erwacht,
die Nacht, die aus zwei Menschen dich hervorgebracht,
die Nacht, als Gott zum ersten Mal dir zugelacht:
gelobt sei die Nacht.

Der Tag, als Gott dich rief und dein Herz zu ihm kam;
der Tag, als er für immer dich als Kind aufnahm;
der Tag, als in dein Leben Gottes Frieden kam:
gelobt sei der Tag.

Die Stund', in der du Gottes letzten Ruf verstehst;
die Stund', wenn du das Ende deiner Zeit erflehst;
die Stund', in der du hoffnungsvoll dann zu ihm gehst:
gelobt sei die Stund'.

Soeur Sourire

Keiner wird gefragt …

Keiner wird gefragt, wann es ihm recht ist,
Abschied zu nehmen von Menschen,
Gewohnheiten, sich selbst.
Irgendwann plötzlich heißt es,
damit umzugehen, ihn aushalten,
annehmen diesen Abschied,
diesen Schmerz des Sterbens,
dieses Zusammenbrechen,
um neu aufzubrechen in Gottes Herrlichkeit.

Quelle unbekannt

Lied vom Tod und vom Leben

Wir sind mitten im Leben
zum Sterben bestimmt
was da steht, das wird fallen
der Herr gibt und nimmt.

Wir gehören für immer
dem Herrn, der uns liebt
was soll uns auch geschehen
er nimmt und er gibt

Wir sind mitten im Sterben
zum Leben bestimmt
was da fällt, soll erstehen
er gibt, wenn er nimmt.

Zwei Blätter am Ast

„Es ist nicht mehr wie früher“, sagte das eine Blatt.

„Nein“, erwiderte das andere.

„Heute Nacht sind wieder so viele von uns davon... Wir sind beinahe schon die einzigen hier auf unserem Ast.“

„Man weiß nicht, wen es trifft“, sagte das erste. „Als es noch warm war und die Sonne noch Hitze gab, kam manchmal ein Sturm oder ein Wolkenbruch und viele von uns wurden damals schon weggerissen, obgleich sie noch jung waren. Man weiß nicht, wen es trifft.“

„Jetzt scheint die Sonne nur selten“, seufzte das zweite Blatt, „und wenn sie scheint, gibt sie keine Kraft. Man müsste neue Kräfte haben.“

„Ob es wahr ist“, meinte das erste, „ob es wohl wahr ist, dass an unserer Stelle andere kommen, wenn wir fort sind, und dann wieder andere und immer wieder...“

„Es ist sicher wahr“, flüsterte das zweite, „man kann es gar nicht ausdenken ... es geht über unsere Begriffe ...“

„Und man wird auch zu traurig davon“, fügte das erste hinzu.

Sie schwiegen eine Zeit.

Dann sagte das erste still vor sich hin: „Warum wir weg müssen...?“

Das zweite fragte: „Was geschieht mit uns, wenn wir abfallen...?“

„Wir sinken hinunter...“

„Was ist da unten?“

Das erste antwortete: „Ich weiß es nicht. Der eine sagt das, der andere sagt dies... aber niemand weiß es.“

Das zweite fragte: „Ob man noch etwas fühlt, ob man noch etwas von sich weiß, wenn man dort unten ist?“

Das erste erwiderte: „Wer kann das sagen? Es ist noch keines von denen, die hinunter sind, jemals zurückgekommen, um davon zu erzählen."
Wieder schwiegen sie. Dann redete das erste Blatt zärtlich zum anderen: „Du zitterst ja. Gräme dich nicht zu sehr."
„Lass nur", antwortete das zweite, „ich zittere jetzt so leicht. Man fühlt sich eben nicht mehr so fest an seiner Stelle."
„Wir wollen nicht mehr von solchen Dingen sprechen", sagte das erste Blatt.
Nun schwiegen sie beide. Die Stunden vergingen. Ein nasser Wind strich kalt und feindselig durch die Baumwipfel.
„Auch ... jetzt ...", sagte das zweite Blatt, „... ich ..." Da brach ihm die Stimme. Es ward sanft von seinem Platz gelöst und schwebte hernieder. –
Nun war es Winter.

Felix Salten

Liederverzeichnis

GL 143 (3) Herr, ob den Himmeln thronst du hoch
GL 145 (1) Wohin soll ich mich wenden
GL 221 (1) (5) Kündet allen in der Not
GL 329 (2) (3) (4) Verklärt ist alles Leid der Welt
GL 375 (1) (3) (4) Gelobt seist du, Herr Jesu Christ
GL 380 (7) (8) (9) (10) ...durch dich steht das Himmelstor
GL 403 (5) (6) Solange dieses Leben währt
GL 422 (1) (2) (3) Ich steh vor dir mit leeren Händen, Herr
GL 423 (1) (3) Wer unterm Schutz des Höchsten steht
GL 424 (1) (5) Wer nur den lieben Gott lässt walten
GL 428 (1) (2) (5) Herr, dir ist nichts verborgen
GL 429 (1) (2) (5) Gott wohnt in einem Lichte
GL 435 (1) (2) (3) Herr, ich bin dein Eigentum
GL 437 (1) (2) (4) Meine engen Grenzen
GL 440 (1) (2) (3) (4) Hilf, Herr meines Lebens
GL 448 (1) (4) Herr gib uns Mut zum Hören
GL 455 (4) Alles meinem Gott zu ehren
GL 456 (1) (3) Herr, du bist mein Leben
GL 460 (1) (2) (5) Wer leben will
GL 461 (1) (2) Mir nach spricht Christus
GL 478 (1) (5) Ein Haus voll Glorie schauet
GL 479 (1) (2) (3) Eine große Stadt ersteht
GL 484 (1) Dank sei die Vater
GL 504 (1) (2) Vater im Himmel, höre unser Klagen
GL 505 (1) (3) (4) Wir sind nur Gast auf Erden
GL 543 (1) (4) Wohl denen die da wandeln
GL 554 (1) Wachet auf

Gotteslob Paderborner Eigenteil

GL 784 Meine Zeit steht in deinen Händen
GL 786 (1) (2) (3) Zieh an die Macht du Arm des Herrn
GL 812 (1) (3) So nimm denn meine Hände
GL 816 (1) (2) (5) Herr gib Frieden dieser Seele